인공지능 사회문화학

중앙대학교 인문콘텐츠연구소 HK+
인공지능인문학 학술총서 5

인공지능 사회문화학
사회와 문화 속 인공지능

초판 1쇄 발행 2024년 5월 31일

지은이 | 박평종, 황서이, 문규민

펴낸곳 | (주)태학사
등록 | 제406-2020-000008호
주소 | 경기도 파주시 광인사길 217
전화 | 031-955-7580
전송 | 031-955-0910
전자우편 | thspub@daum.net
홈페이지 | www.thaehaksa.com

편집 | 조윤형 여미숙 김태훈
마케팅 | 김일신
경영지원 | 김영지

ⓒ 박평종, 황서이, 문규민 2024. Printed in Korea.

값 21,000원
ISBN 979-11-6810-277-4 (93350)

책임편집 | 이홍림
북디자인 | 임경선

＊이 저서는 2017년 대한민국 교육부와 한국연구재단의 지원을 바탕으로 수행된 연구임.
　(NRF-2017S1A6A3A01078538)

＊이 책에 인용된 이미지나 글은 저작권법의 '정당한 인용' 기준에 따라 수록했습니다만
　출판 후 '정당한 인용'이 아니라고 판정될 경우에는 적법한 절차를 따르겠습니다.

중앙대학교 인문콘텐츠연구소 HK+
인공지능인문학 학술총서 5

박평종·황서이·문규민 지음

Augmented Reality
EXtended Reality
Virtual Reality
Uncanny Valley
Humanoid

인공지능 사회문화학
사회와 문화 속 인공지능

태학사

── 머리말 ──

변화하는 사회와 문화 속 인공지능

　독일 철학자 발터 베냐민은 19세기의 기술 복제가 촉발한 문화사적 변화에 주목하면서 '물적 토대'의 변화가 실제 인간의 삶에 영향을 미치기까지는 거의 반세기 이상이 소요되었다고 언급한다. 요컨대 새롭게 등장한 기술이 사회문화의 각 부분에 연동되어 인간의 사고와 감성, 소통의 형식에 직접 관여하는 데는 일정한 시간이 필요하다는 것이다. 기술은 빠르게 발전하나 그 변화에 조응하는 인간의 사고와 제도, 삶의 양식 등은 더디게 바뀐다는 뜻이다. 실제 모든 문명사의 격변기는 이런 양상을 띠고 있었다.
　인공지능Artificial Intelligence, AI 기술이 출현한 이후 우리의 삶은 어떨까?

인공지능은 '불현듯' 출현했다 해도 과언이 아니다. 물론 인공지능에 대한 기획부터 단계적인 발전은 오래전부터 진행되어 왔으나 전문 영역의 초엘리트 전문가들을 제외하고 일반 대중에게는 거의 알려진 바 없었다. 성취가 미미했기 때문이다.

인공지능은 실상 2016년 저 유명한 '알파고'가 세간의 관심을 끈 이후 모두가 주목하는 '놀라운' 기술이 됐다. 그리고 채 10년도 지나지 않아 우리의 삶은 인공지능 이전과 이후로 나뉠 만큼 큰 폭의 변화를 맞고 있다. 베냐민은 새로운 기술이 실제 삶의 영역에 영향을 미치는 데 50년 이상이 필요하다고 언급했으나 인공지능 기술은 '거의' 즉각적으로 영향력을 발휘하고 있다. 예컨대 챗지피티ChatGPT는 출시되자마자 곧바로 모든 분야에서 위력을 발휘하기 시작했다. 그만큼 인공지능 기술이 우리 삶과 직접 연결되어 있다는 뜻이다.

인공지능의 '위력'은 왜 압도적일까? 이 '기계'가 학습한 지식의 양이 한 개인이나 집단이 습득한 '지식'의 총합보다 크기 때문이다. 그 양은 '잠재적으로' 무한히 클 수 있다. 게다가 학습의 속도도 인간의 그것에 비할 바가 아니다.

인공지능의 위력을 인간이 곧바로 수용하는 이유는 매우 유용하기 때문이다. 인간의 노동을 대신함은 물론이고 인간이 할 수 있는 것 이상을 수행한다는 사실은 그저 놀라울 따름이다. 사회 각 분야에서 인공지능 기술을 즉각 활용하는 것은 어찌 보면 당연한 일이기도 하다. 그러나 베냐민이 언급했듯 기술이 실제 인간의 삶에 무사히 안착하는 데에는 여러 조건이 필요하다. 당장은 유용하지만 급하게 수용한 기술이 인간의 삶과 조화를 이룰지는 시간을 두고 지켜볼 필요가 있다.

이 책은 이런 맥락에서 인공지능이 인간의 삶에 들어온 이후 어떤 실질적인 변화를 만들어 내고 있는가를 분야별로 나눠 진단해 본다. 인공지능 기술은 인간의 삶 전체에 영향을 미치고 있기에 이 책에서 모든 영역을 다룰 수는 없다. 따라서 필자들의 관심사에 따라 크게 세 영역으로 축소하여 연구 분야를 좁혔다.

첫 번째는 기술문화 영역으로, 특히 다양한 인공지능 기술을 종합하여 구현한 자율주행 자동차를 다룬다. 이 기술에 대한 기대는 크다. '너무' 유용해서 아직 완전하지 않음에도 불구하고 기술 만능주의적 시각이 팽배해 있을 정도다. 자율주행의 원리와 구현 기술을 살펴보고, 온전한 구현에 필요한 제도적·윤리적 문제들을 기술문화에 대한 비판적 관점을 견지하면서 성찰해 본다.

두 번째는 대중문화 영역으로 메타버스, 로봇 기술 등과 복합적으로 제휴한 인공지능이 인간의 소통방식과 놀이문화를 어떻게 변화시켜 나가는지를 다룬다. AI 엔진을 탑재한 각종 미디어 플랫폼이 등장하면서 인간의 소통방식은 다양한 변화를 맞고 있다. 가상현실Virtual Reality, VR, 증강현실Augmented Reality, AR, 혼합현실Mixed Reality, MR과 같은 개념들이 새로운 미디어 환경에서 화두로 떠오른 지도 이미 오래다. 이 변화 양상들을 살펴봄으로써 오늘의 대중문화를 진단하고 향후 대응 방안을 모색해 본다.

세 번째는 예술과 시각문화 영역으로, 인공지능이 예술작품의 생산에 관여하면서 벌어지는 복합적인 변화 양상을 다룬다.

인공지능은 데이터를 학습하여 이를 바탕으로 새로운 정보를 생산한다. 그 정보가 새롭고 창의적일 수 있는지에 대한 논쟁도 뜨겁다. 생성형 인공지능Generative AI의 급속한 발전으로 이제 인공지능은 예술작품 생산에 적극 관여하고 있다. 그 발전 과정을 짚어 보고 향후 펼쳐질 변화 양상을 비판적으로 검토해 본다.

세 영역의 목표는 같다. 첫째, 인공지능 기술이 각 영역에서 끌어들이고 있는 변화는 구체적으로 무엇이며 과거의 양상과 어떻게 다른가를 살펴본다. 둘째, 이 변화가 가져오는 긍정성과 부정성을 종합적으로 검토한다. 셋째, 인공지능 기술의 급속한 발전이 가까운 미래에 문화의 각 영역에서 어떤 또 다른 변화를 가져올 것인지를 조망해 본다.

첫 번째 기술문화 영역에서는 우리 사회에 큰 영향을 미치고 있는 인공지능 기술 중 가장 대표적이라 할 수 있는 자율주행 문제를 살펴본다. 인공지능은 몇 가지 고유한 특성들을 갖고 있는데, 현재 자율주행 업계를 주도하고 있을 뿐 아니라 대중적으로도 가장 널리 알려진 테슬라 오토파일럿Tesla Autopilot의 개발과 수용에서 이런 특성들이 어떻게 드러나는지를 살펴보는 것은 인공지능이 사회적으로 어떻게 받아들여지고 있는지, 그리고 그러한 수용이 가진 문제점이 무엇인지를 살펴볼 수 있는 좋은 기회가 될 것이다.

테슬라는 언제나 안전과 기술력을 홍보하면서 자율주행 산업을 주도하는 듯한 이미지를 만들어 왔다. 안전성과 관련된 끊임없는 논란에도 불구하고, 테슬라의 대응에서 인공지능의 자율성이 불러올 수 있는 위험에 대한 고려는 찾기 힘들며, 이는 오토파일럿의 소비자들도 마찬가지다. 이런 상황은 인공지능의 자율성, 기술-윤리-산업의 복합성, 그리고 행위성에 대한 생산자와 소비자 양쪽 모두의 몰이해를 드러낼 뿐 아니라 '기술로서의 인공지능'과 '문화로서의 인공지능' 사이에 큰 간극이 존재한다는 사실을 보여 준다.

이와 같은 불일치에는 인공지능이 곧 인간의 편의와 목적에 완벽하게 부합하는 방식으로 활용되리라는 기술만능주의적, 미래주의적 기대에 뿌리내린 소망사고Wishful Thinking가 작용하는 것으로 보인다. 이런 소망사고는 인공지능을 과소평가해서 일어나는 것이 아니라 과대평가해서 일어나는 것이다. 오토파일럿과 관련된 사고와 그에 대한 반응은 기술의 고유한 특성에 대한 이해가 부재한 상황에서 기술에 대한 소망사고가 기술을 앞지를 경우 어떤 일이 생길 수 있는지를 생생하게 보여 준다.

이러한 현실은 기술의 진보와 기술문화가 부합하지 않는다는 점에서 일견 문화지체Cultural Lag처럼 보이기도 하지만, 실제로는 정반대다. 통상 문화지체에서는 기술문화가 앞서 나가는 기술을 따라잡지 못한 채 이전의 구식 문화에 머무르면서 혼란이 일어나지만, 오토파일럿에서는 이와는 정반대의 상황이 벌어진다. 기술은 2단계 운전자 보조에 머물러 있지만, 오토파일럿을 생산하는 쪽과 소비하는 쪽 모두 그보다 훨씬 앞선 5단계 완전자율주행처럼 오토파일럿을 받아들이고 있는 것이다. 문화가 기술을 따라잡지 못하는 문화지체와는 정반대로, 이 경우에는 기술이 문화를 따라잡지 못하고 있다. 인공지능에 거는 기대가 인공지능의 발전 수준을 훨씬 앞지르면서, 아직 없는 기술을 마치 이미 있는 기술처럼 인식하고 사용하는 현상이 벌어지고 있다.

오토파일럿을 둘러싼 상황은 인공지능과 관련하여 '뒤집힌 문화지체Reverse Cultural Lag' 또는 '문화추월Cultural Outrun'이 일어날 위험성을 보여 준다. 심각한 문화지체가 사회 병리현상으로 비화될 수 있듯이, 문화추월도 마찬가지다. 현재의 인공지능에 대한 열광이 뒤집힌 문화추월 현상이 아닌지 비판적으로 검토할 필요가 있다.

두 번째 영역에서는 4차 산업혁명 시대의 문화콘텐츠 트렌드와 관련된 문제들을 살펴본다. 이 장에서는 제4차 산업혁명 시대를 대변할 수 있는 빅데이터Big Data, 인공지능, 메타버스Metaverse 등의 기술이 발전하면서, 관련 기술들이 문화콘텐츠 융합과 관련하여 어떤 변화 양상을 보이고 있는지 사회문화적 맥락에서 다루고자 한다.

21세기는 빠르게 변화하는 세상이다. 동시에 '초연결', '초지능', '초융합' 등의 혁신적인 기술 변화를 필두로 한 4차 산업혁명이 도래하였고, 2016년 알파고Alpha Go가 인공지능 시대의 서막을 알린 이후로 인공지능의 빠른 성장을 이끌 수 있는 빅데이터, 인공지능 등이 4차 산업혁명을 주도하는 핵심 기술로 언급되었다. 즉, 인간이 기술을 만들고, 또 그 기술이 다시 인간의 삶과 문화를 변화하게 만드는 현상이 가속화된 시대라고 볼 수 있다.

더불어 다양한 미디어가 등장하고 미디어의 영향력이 점차 확대되면서 인간의 삶은 끊임없이 변화하고 진화하였고, 미디어 안에 들어가는 문화콘텐츠의 향유도 빠르게 확대되었다. 특히 4차 산업혁명을 맞아 빅데이터, 인공지능, 메타버스 등 디지털 기술의 등장은 미디어를 더욱 다양하게 변화시키고 급격한 사회의 변화를 가져왔다.

코로나19 바이러스로 어쩔 수 없는 비대면 시대가 찾아오면서, 현실 세계의 사회·경제·문화 활동이 3차원의 가상 세계에서 이루어질 수 있도록 만든 공간인 메타버스가 문화콘텐츠 산업에서 '차세대 미디어 플랫폼' 또는 '문화콘텐츠 산업의 미래'로 일컬어지며 주목받았다. 또 이러한 메타버스를 구현할 수 있는 5G 상용화, 가상현실, 증강현실, 혼합현실, 확장현실EXtended Reality, XR 등의 기술 발전과 함께 생산과 소비를 함께 할 수 있는 프로슈머Prosumer, 현실과 같은 사회문화적 활동을 수행할 수 있는 아바타Avatar 등이 핵심 키워드로 떠오르고, 사회문화적 변화와 함께 다양한 문화 콘텐츠가 나타나고 있다.

앞선 현상을 기반으로 다음과 같은 사항을 살펴보고자 한다. 먼저 21세기의 원유라고 알려진 빅데이터의 발전과 그에 따른 사회문화적 적용 및 문화콘텐츠의 변화를 알아보려 한다. 다음으로 4차 산업혁명의 성장 엔진으로 급부상하고 있는 인공지능의 발전과 그에 따른 문화콘텐츠 생성 및 향후 인공지능이 사회문화적으로 어떠한 변화를 초래할 것인지도 살펴볼 것이다. 마지막으로 코로나19 바이러스로 발전한 메타버스와 가상의 세계 속 가상현실 및 증강현실에 대해 살펴보고, 가상 세계와 문화콘텐츠의 융합에 대해 이해해 보고자 한다.

이러한 이해를 근간으로 4차 산업혁명 시대의 사회문화적 발전이 가져올 부정적인 영향에 대한 우려의 목소리와 함께 이에 대한 대응 방안을 살펴보고, 혁신적인 기술과 함께 만들어진 문화콘텐츠들이 이끌 미래에 우리는 어떠한 자세를 취해야 할지 생각해 보려 한다.

세 번째 영역에서는 예술과 시각문화를 다룬다. 기술이 예술과 시각문화에 지대한 영향을 미친다는 사실은 오늘날 이의를 제기할 수 없을 만큼 중요한 명제로 자리 잡았다. 그에 따르면 인공지능 기술은 예술작품을 생산하는 도구가 될 수 있다. 문제는 인공지능의 핵심 문제가 스스로 정보를 생산하는 자동성에 있다는 사실이다. 그렇다면 인공지능은 예술작품의 가치 판단에서 척도가 되는 창의적인 정보를 산출할 수 있을까?

이 장은 크게 세 단계로 나누어 예술과 시각문화의 문제에 접근한다. 우선 예술작품을 규정해 온 두 가지 모델, 즉 모방 모델과 창의성 모델을 구분하고 인공지능의 창의성에 대한 다양한 견해를 검토한다. 인공지능은 학습을 통해 한정된 정보만을 산출한다는 모방 패러다임의 관점이 있다. 이와 반대로 컴퓨터는 다양한 방식으로 예측 불가능한 정보를 산출할 수 있다는 창의성 패러다임의 관점이 있다. 이 상반된 견해들을 비교 검토하고 주요 논점을 정리해 본다.

다음 단계에서는 기계미학과 디지털 기술을 다룬다. 기계는 19세기에 본격적으로 등장하지만 이미 18세기부터 오토마타 Automata의 형태로 정교한 자동기계가 제작됐다. 오늘날 로봇의 원형이다. 이후 기계의 정교함과 자동성을 끌어들이고 인공지능을 탑재한 로봇 미술도 급성장하고 있다.

한편 디지털 기술은 인공지능이 괄목할 만한 성장을 보여 주기 이전부터 이미 예술과 맞물려 미디어아트의 형태로 발전하는 데 초석이 됐다. 인공지능이 본격적으로 예술작품의 생산에 관여하기 이전 디지털 아트의 전개 과정을 살펴본다.

마지막 단계에서는 인공지능을 '창작 기계'로 규정하고 그와 관련된 다양한 문제들을 검토한다. 기존 화가들의 작품을 학습하여 그림을 생산하는 스타일 트랜스퍼와 유전 알고리즘의 원리를 소개하고 그 특징을 살펴본다. 또한 컴퓨터 비전 분야에서 일대 혁신을 가져온 '적대적 생성 신경망GAN'의 원리와 그 유형을 정리해 보고, 이를 활용하여 실제 예술작품을 생산하는 작가들의 작품을 소개한다. 마지막으로는 이미지 생성 인공지능이 산출한 결과물이 현재의 예술 패러다임하에서 저작권을 비롯하여 어떤 문제들을 제기하는지 검토한다.

인공지능은 '이미' 예술작품의 생산에 개입하고 있으며, 빠르게 인간의 시각문화를 재편하고 있다. 실상 거의 모든 영역에서 인공지능이 인간을 대신하기 시작했고, 그 속도는 빠르며 범위도 넓다. 그 과정에서 인간은 어떻게 대응해야 할지 허둥대고 있는 형편이다. 한편에서는 인공지능의 무한한 가능성에 환호를 보내기도 하지만, 다른 한편에서는 부정적 파급력에 제동을 걸어야 하며 나아가 기술개발을 중지해야 한다는 급진적인 견해를 내놓기도 한다. 그러나 어쨌든 인공지능이 이미 우리 삶에 깊숙이 들어와 있는 것은 피할 수 없는 현실이다.

『인공지능 사회문화학』은 자율주행차로 대표되는 기술문화와 대중문화, 예술 및 시각문화의 세 영역에서 펼쳐지고 있는 변화의 양상을 현시점에서 꼼꼼히 검토해 봄으로써 오늘의 현실을 직시하고 그 긍정성과 부정성을 종합적으로 성찰해 보기를 제안한다. 나아가 작금의 현실에서 향후 가까운 미래에 또 다른 어떤 변화가 몰려올 것인지 가늠할 수 있는 계기를 마련해 보고자 한다.

차례

머리말 변화하는 사회와 문화 속 인공지능 · 4

개요 · 19

1. 인공지능 인문학이란 무엇인가? · 19
2. 인공지능 사회문화학이란 무엇인가? · 25
3. 인공지능 사회문화학의 연구 대상 · 31
   (1) 연구의 대상과 내용 · 31
   (2) 연구의 방향성 · 33
   (3) 연구의 범위 · 36
   (4) 전망과 대안 · 38
4. 인공지능 사회문화학의 연구방법론 · 41

1부
인공지능과 기술문화

1장 인공지능의 특성들: 행위자, 복합체, 타자 · 52

1. 자율적 행위자로서의 인공지능 · 52
   (1) 인공지능의 자율성이란 무엇인가? · 52
   (2) 자율적 행위자의 출현 · 55
2. 기술-윤리-경제 복합체로서의 인공지능 · 57
   (1) 변화하는 기술과 윤리의 관계 · 57
   (2) 기술, 윤리, 산업의 얽힘 · 60

3. 새로운 타자로서의 인공지능 · 62
   (1) 인공지능, 무엇이 다른가? · 62
   (2) 인공지능, 어떻게 다룰 것인가? · 63

2장   인공지능과 자율주행차: 분류, 영향, 쟁점 · 66

1. 자율주행차란 무엇인가? · 68
   (1) 자율주행차의 분류: SAE 6단계 · 68
   (2) 자율주행차의 정의와 특징: SAE 6단계가 알려주는 것 · 70
2. 자율주행차, 어떻게 만들어지고 쓰이는가? · 75
   (1) 자율주행차의 영향: 오토파일럿이 남긴 것 · 75
   (2) 자율주행차의 쟁점들: 테슬라 오토파일럿에 대한 비판 · 81

3장   인공지능과 기술문화: 소망사고 또는 문화추월 · 85

1. 인공지능으로서의 자율주행차 · 86
2. 인공지능문화와 소망사고 · 90
3. 인공지능문화와 문화추월 · 96

2부
4차 산업혁명과 대중문화

1장   빅데이터의 등장과 사회문화적 변화 · 106

1. 빅데이터의 출현 배경과 가치 · 106
2. 현대사회에 적용된 빅데이터 · 110
3. 빅데이터와 사회문화적 변화 · 113
4. 빅데이터와 대중문화 · 119

2장 **인공지능의 발전과 사회문화적 변화** · 124

    1. 인공지능의 출현 배경과 가치 · 124
    2. 현대사회에 적용된 인공지능 · 128
    3. 인공지능과 사회문화적 변화 · 133
    4. 인공지능과 대중문화 · 141

3장 **가상 세계를 통한 사회문화적 변화** · 149

    1. 메타버스의 출현 배경과 가치 · 149
    2. 현대사회에 적용된 가상 세계 · 156
    3. 가상 세계와 사회문화적 변화 · 162
    4. 가상 세계와 대중문화 · 165

3부
예술과 시각문화

1장 **예술과 창의성** · 174

    1. 예술의 두 가지 모델 · 174
        (1) 모방 패러다임 · 177
        (2) 독창성 패러다임 · 179
    2. 인공지능의 창의성 · 182
        (1) 인공지능의 한계에 대한 견해들 · 182
        (2) 인공지능의 창의성에 대한 견해들 · 183

2장 **기계미학과 디지털 기술** · 193

    1. 기계의 진화 · 194
        (1) 자동기계: 자케-드로의 '글 쓰는 기계', '그림 그리는 기계', '연주하는 기계' · 194

(2) 팅겔리의 '메타-마틱스'와 프로그램 기계 • 197
　　　(3) 로봇 미술: 센서와 제어장치 • 200
　2. 디지털 기술의 도입 • 202
　　　(1) 가상현실의 탐구 • 202
　　　(2) 이미지 생산의 도구들: 손에서 알고리즘으로 • 204
　3. 컴퓨터와 미디어아트 • 209
　　　(1) 뉴미디어의 원리 • 209
　　　(2) AI 프로젝트와 컴퓨터 프로그램 • 214

3장 '창작기계'를 향하여 • 216

　1. 학습에서 창작으로 • 216
　　　(1) 최초의 AI 화가 아론 • 216
　　　(2) 모방기계와 스타일 트랜스퍼 • 217
　　　(3) 창의적 프로그램: 유전 알고리즘 • 218
　　　(4) 칼 심스와 크리스타 솜머러/로랑 미뇨노의 사례 • 219
　2. 이미지 생성모델의 진화 • 225
　　　(1) GAN의 혁명 • 225
　　　(2) 다양한 생성모델들 • 227
　　　(3) 생성모델의 예술적 적용 • 235
　3. 플루서의 기술 이미지 모델 • 238
　　　(1) 이미지, 문자, 기술 이미지 • 238
　　　(2) 장치 프로그램과 인공지능 • 239
　4. '창작기계'의 시대 • 243
　　　(1) 예술 패러다임의 전환 가능성 • 243
　　　(2) 인공지능과 저작권 • 244
　　　(3) 인공지능 예술과 인간의 몫 • 246

참고문헌 • 250

개요

1. 인공지능 인문학이란 무엇인가?

인공지능 사회문화학AI Socio-cultural Studies은 인공지능 인문학의 하위 분과이다. 따라서 인공지능 사회문화학을 규정하기 위해서는 우선 인공지능 인문학이 무엇인지부터 명확히 해야 할 것이다. 한 학문 분야의 정체성은 그 분야의 핵심적인 문제의식, 분야가 지향하는 주된 내용, 그리고 그 내용을 연구하는 방법으로 구성된다. 인공지능 인문학의 문제의식, 대상, 방법을 차례로 살펴보자.

　인공지능 인문학은 어떤 문제의식에서 출발하는가? 모든 학문은 시대가 부여하는 가능성과 한계 속에 존재하고 발전할 수밖에 없으며, 시대적 변화는 새로운 학문 분야를 촉진할 수 있다. 현재 시대적 변화의 중심에 존재하는 것은 인공지능이다. 인공지능은 그것이 출현한 이래 인간 삶의 거의 모든 측면에서 다양한 변화를 일으키고 있다. 지금껏 인공지능의 발전에 대한 수많은 진단과 분석, 전망들이 제시되어 왔지만, 인공지능이라는 기술이 어떤 시대적 변화를 이끌고 있으며 앞으로도 그럴 것이라는 사실은 누구도 부정하기 힘들 것이다. 인공지능은 이전까지와는 완전히 다른 새로운 시대로의 이행을 추동하고 있다. 바야흐로 '인공지능 시대The Age of AI'인 것이다.

인문학 또한 이러한 시대의 이행에 무관심할 수 없다. 무관심하기는커녕, 가능하다면 선제적으로 그러한 변화를 이해하고 앞으로 도래할 시대에 대비하는 데 기여할 수 있어야 할 것이다. 인공지능으로 인해 일어나고 있는 시대적 변화에 대응하는 것, 그것이 인공지능 인문학의 근본적인 문제의식이다. 인공지능 시대에 대응하기 위한 인공지능 인문학의 문제의식은 다음과 같다.

첫째, '인공지능의 시대에 인간이란 무엇인가?' 라는 질문이다. 이는 새로운 시대에 제기되는 인간 정체성에 대한 기술적 질문The Descriptive Question of Human Identity이라고 할 수 있다. 인간의 정체성이나 본성, 지위에 대한 질문은 인류의 출현과 함께 제기되어 온 전통적인 문제이지만, 인공지능의 폭발적인 발전과 그에 따른 시대적 변화는 그것을 더욱 구체적이고 첨예한 형태로 제기한다. 인공지능은 통상적으로 인간만이 할 수 있다고 여겨져 온 수많은 일들을 해내고 있으며, 이에 따라 인간의 정체성이 의문에 부쳐지고 있다. 인공지능의 시대를 이해하고 대응하기 위해서는 인간과 관련된 이러한 정체성에 대한 기술적 질문에 반드시 답해야 한다.

그러나 인공지능의 시대에 문제가 되는 것은 인간의 정체성만이 아니다. 인공지능이 사회의 전 분야에 적용됨에 따라 인류가 이전까지 다루어 본 전례가 없는 문제적 상황들이 속출하고 있으며, 이에 둘째로 '인공지능 시대에 인간은 무엇을 해야 하는가?'를 묻지 않을 수 없다. 인간 행위에 대한 규범적 질문The Prescriptive Question of Human Action이 제기되는 것이다. 가령 전쟁에 인공지능 로봇을 보내야 하는가? 완전자율주행차를 개발하고 상용화해야 할까? 윤리적으로 문제없는 인공지능을 만들기 위해 데이터를 선별해야 하는가? 이런 규범적 질문들에 답하지 않은 채로는 도래할 인공지능 시대를 대비할 수 없을 것이다.

인간의 정체성과 행위만큼 중요한 것이 그들의 가치다. 인공지능이 인간의 정체성을 뒤흔들고, 인간에게 새로운 윤리적·도덕적 판단을 하도록 압박하는 상황에서 인간의 사유, 행위, 존재는 어떤 의미와 가치를 가질 수 있을까? 인간은 이제껏 부여되어 왔던 가치를 상실하는 것일까? 아니면 어떤 새로운 가치를 가질 수 있을까? 가진다면 그 가치는 무엇일까? 인공지능의 시대는 인간의 가치를 새롭게 자리매김하기를 요구하고 있다.

셋째는 '인공지능의 시대에 인간의 가치는 어떻게 규정되어야 하는가?' 하는 질문이다. 이는 인간 가치에 대한 평가적 질문 The Evaluative Question of Human Value이라고 할 수 있을 것이다. 인공지능 인문학은 이처럼 인간 정체성에 대한 기술적 질문, 인간 행위에 대한 규범적 질문, 인간 가치에 대한 평가적 질문에 대한 답을 모색함으로써 인공지능 시대에 대비하려 한다.

인공지능 인문학은 무엇에 대한 학문인가? 즉 인공지능 인문학의 내용은 무엇인가? 당연하게도 그것은 인공지능과 그와 관련된 현상을 연구한다. 인공지능 인문학이 인공지능을 연구한다는 것은 동어반복이지만, 중요한 사실은 인공지능뿐만 아니라 그와 관련된 현상들도 함께 탐구한다는 것이다. 인공지능 인문학은 단지 다양한 방식으로 인공지능에 대해 접근하는 게 아니라, 인공지능이 다른 영역들에 미치는 영향과 그에 대한 대응을 연구한다. 인공지능과 인간, 인공지능과 사회, 인공지능과 문화, 인공지능과 역사 등을 다루는 것이다. 요점은 '과'에 있다.

인공지능 인문학의 연구내용은 엄밀히 말해 인공지능과 다른 현상, 다른 영역 사이의 '관계'다. 인공지능 인문학은 인공지능을 인간과 사회, 역사 등 다른 영역과 독립된 것이 아니라 그들과 관련된 것으로 파악한다. 이러한 탐구는 인공지능과 다른 영역들 사이를 양방향으로 왕복하면서, 관점을 전환하면서 이루어진다. 인공지능 시대를 이해하기 위해서는 인공지능이 인간, 사회, 문화, 역사 등에 어떤 영향을 미치는지, 반대로 인간, 사회, 문화, 역사가 어떻게 인공지능을 가능하게 하고 변화시키는지를 정확하게 파악해야 한다. 이런 점에서 인공지능 인문학은 전통적인 용어로는 '변증법적Dialectical'이며, 좀 더 현대적인 용어를 사용하자면 '교차적Intersectional'일 수밖에 없다.

인공지능 인문학의 내용이 변증법적·교차적 관계라는 사실은 인공지능 인문학의 방법을 결정짓는다. 그 명칭에서 알 수 있듯, 인공지능 인문학의 방법은 당연히 인문학이며 인문학적 접근은 근본적 차원에서 대상을 성찰하고 반성하는 것이다.

중요한 것은 인문학적으로 탐구되어야 할 것이 인공지능과 다른 영역들 사이의 관계라는 점이다. 관계를 보다 근원적으로 성찰하고 반성하기 위해서는 관계 맺는 것들 각각에 대한 면밀하고 정확한 이해가 선행되어야 한다. 인공지능과 인간의 관계를 이해하기 위해서는 인공지능과 인간 모두에 대한 이해가 선행되어야 하며, 인공지능과 사회의 관계를 파악하기 위해서는 인공지능의 생산과 개발에 관련된 기술적 세부사항과 더불어 각종 사회현상에 대한 분석이 선행되어야 한다. 이러한 이해를 바탕으로 할 때에만 인공지능이 어떻게 인간과 사회를 변화시키는지, 거꾸로 인간과 사회가 인공지능에 어떤 영향을 미치는지 그 전모를 알 수 있을 것이다.

이러한 탐구는 필연적으로 인공지능을 넘어 인간과 사회, 역사, 문화에 대한 학문들, 즉 제반 인문사회과학의 경계를 가로지르면서 이루어질 수밖에 없다. 인공지능 인문학이 그 방법에 있어서 인문사회과학의 학제 간 인문학Interdisciplinary Humanities, 다학제 인문학Multidisciplinary Humanities에 기반을 둔 융합 연구 Converging Research여야 하는 당위가 여기에 있다.

이러한 초학제적Trans-Disciplinary이고 융합적인 성격으로 인해 인공지능 인문학은 인공지능 기술비평학AI Technology Criticism, 인공지능 관계소통학AI Relation Communication, 인공지능 데이터해석학AI Data Hermeneutics, 인공지능 사회문화학, 인공지능 윤리규범학AI Ethics 등으로 나뉘게 된다. 인공지능과 여타 영역 사이의 관계를 근본적으로 성찰하고 반성하기 위한 융합 인문사회과학이 인공지능 인문학의 방법인 것이다.

정리하면, 인공지능 인문학은 인공지능의 출현과 발전으로 인한 시대적 변화를 이해하고 그에 대응하기 위해 인공지능과 전통적인 인문학과 사회과학이 다루어 온 영역들 사이의 관계를 변증법적·교차적으로 탐구하고자 하는 학제 간, 다학제 인문학의 융합 연구라고 할 수 있다. 인공지능 인문학의 문제의식과 내용, 방법은 하위 분과들에 계승되며, 인공지능 사회문화학 또한 예외가 아니다.

2. 인공지능 사회문화학이란 무엇인가?

인공지능 사회문화학은 인공지능 인문학의 하위 분과로서 인공지능 인문학의 큰 틀에서 벗어나지 않는다. 인공지능 사회문화학의 문제의식, 내용, 방법은 무엇인지, 그것이 어떻게 인공지능 인문학을 계승하는지, 그리고 인공지능 인문학의 다른 하위 영역들과 어떻게 구별되며 또한 연결되는지를 알아보자.

인공지능 사회문화학의 문제의식은 인공지능의 출현이 현재의 사회와 문화에 어떤 영향을 미치며 그로 인해 발생하는 쟁점들이 무엇인지를 이해하는 것이다. 인공지능 사회문화학은 인공지능이 추동하는 시대적 변화 중에서도 사회와 문화의 영역에서 일어나는 변화에 집중한다. 여기서 사회와 문화는 거시적인 인류 사회, 인류 문화 일반을 말할 수도 있고, 개별 사회나 개별 문화권을 말할 수도 있다. 역사적으로 새로운 기술의 도입은 긍정적인 효과와 더불어 언제나 부정적인 결과를 초래해 왔으며, 기술의 보급 이전에는 제기되지 않았던 수많은 새로운 쟁점을 제기한다.

인공지능 사회문화학에서는 인간 정체성의 변화 중에서도 특히 사회적이고 문화적 차원에서 일어나는 정체성의 변화에 집중한다. 인공지능은 사회와 문화를 어떻게 변형하며, 그 안에서 우리는 어떤 존재가 되어 가고 있는 것일까?

이미 메타버스에서는 여러 정체성을 선택하거나 구성할 수 있는데, 이러한 가능성은 인간의 정체성을 변형할 것이 분명하다. 인공지능은 생활 곳곳에 스며들어 인간과 쉽게 접촉할 수 있게 되었기에, 인간과 인간 사이의 관계뿐만 아니라 인공지능과 인간 사이의 관계도 중요해지고 있다. 자율주행차가 발전함에 따라 인간은 자동차를 운전하는 존재에서 자동차에 실려 다니는 존재로 변하고 있는 것은 아닐까?

인공지능 인문학이 인간 행위에 대한 규범적 문제를 추구한다면, 인공지능 사회문화학은 인공지능과 관련된 사회적·문화적 규범을 탐구한다. 현재 통용되는 데이터는 개인정보를 담고 있거나 개인정보를 쉽게 복원할 수 있는데, 데이터의 사용을 규제해야 하는 것일까? 규제해야 한다면 데이터를 어떻게 분류해야 할까? 인공지능을 개발하는 개발자들의 문화는 어떠해야 하며 서비스를 사용하는 소비자 문화를 어떻게 만들어 가야 하는 것일까?

인간의 가치에 대한 질문도 빼놓을 수 없다. 생성형 인공지능이 수많은 새롭고 낯선 이미지들을 만들어 내고 있는 현재, 인간의 창작 행위는 어떤 가치를 가질 수 있을까? 이런 일들 모두는 충분히 일어날 수 있을 뿐 아니라 실제로 일어나고 있다.

이처럼 인공지능 사회문화학은 인공지능 인문학의 질문들, 즉 인간 정체성에 대한 기술적 질문, 인간 행위에 대한 규범적 질문, 인간 가치에 대한 평가적 질문들을 사회와 문화의 차원에서 그대로 계승한다.

인공지능 사회문화학의 내용도 마찬가지다. 인공지능 인문학의 내용이 인공지능과 타 영역 사이의 관계라고 한다면, 인공지능 사회문화학은 인공지능과 사회, 인공지능과 문화 사이의 관계를 다룬다. 인공지능이 사회와 문화를 어떻게 변형시키는지, 반대로 사회와 문화가 인공지능에 어떤 영향을 미치는지를 다각도로 조명하는 것이다.

인공지능과 사회, 문화 사이의 관계 또한 변증법적이고 교차적이다. 인공지능은 진공 속에서 만들어지지 않는다. 그것은 사회적 맥락과 구조에 의해, 문화적 배경 속에서 개발되고 사용된다. 그 반대도 마찬가지다. 인공지능은 사회의 구조와 맥락 속에서 만들어지지만, 그렇게 만들어진 인공지능이 사회적 맥락과 문화적 배경에 거꾸로 영향을 끼치는 되먹임이 일어나기도 하는 것이다. 인공지능과의 관계를 통해 생성되는 새로운 정체성이 인간관계에도 영향을 주지 않을까?

현재 생성형 인공지능의 폭발적 발전은 실제로 일러스트레이터나 디자이너 등 일부 직업의 문화에 큰 영향을 주고 있다. 인공지능을 순전히 사회와 문화의 영향으로부터 자유로운 중립적인 기술적인 산물로 보는 것이 더 이상 통용되지 않는 순진한 관점이라면, 인공지능이 사회와 문화에 유의미한 변화를 가져오지 않을 것이라 생각하는 것은 현실을 모르는 무지의 소치일 것이다. 어떤 사회적 맥락과 구조가 인공지능에 직간접적으로 반영되고 있으며 어떤 문화적 배경에서 인공지능이 개발되고 있는지, 반대로 인공지능이 어떤 새로운 사회적 맥락을 창조하면서 문화를 바꾸어 놓고 있는지 파악하는 것은 인공지능과 사회, 문화의 관계를 이해하는 데 핵심적이다. 이들이 바로 인공지능 문화학의 내용이 된다.

인공지능 인문학이 융합 연구를 통해 이루어지듯이 인공지능 사회문화학도 다학제적, 학제 간 연구를 추구한다. 이미 사회현상과 문화현상을 연구하는 인문사회과학의 분과들이 존재한다. 대표적으로 사회에 대해서는 사회학Sociology이, 문화에 대해서는 문화 연구Cultural Studies가 있다.

인공지능과 사회, 문화 사이의 변증법적이고 교차적인 관계를 이해하기 위해서는 인공지능에 대한 기술적 이해만으로는 부족하다. 그와 함께 사회의 현실에 대한 분석과 문화현상에 대한 연구가 요구된다. 이 때문에 인공지능 사회문화학은 인공지능 자체에 대한 이해와 더불어 사회학이나 문화 연구의 자원을 적극적으로 끌어 쓸 수밖에 없다. 인공지능을 훈련하기 위한 데이터 레이블링은 막대한 비공식 그림자 노동에 의존하고 있는데, 이런 문제적 현상의 분석을 위해서는 노동사회학적 접근이 필수일 것이다. 챗봇Chatbot에 젠더를 부여할 때, 젠더에 대한 개발자들의 인식이 반영되는 것은 당연한 일이고, 이에 접근하려면 젠더에 관한 문화연구의 통찰이 필요하다.

인공지능 사회문화학이 융합 연구를 지향하는 것은 그 내용이 되는 인공지능과 사회문화의 관계 자체가 이미 다분히 융합적이기 때문이다. 인공지능과 사회, 문화 사이의 관계를 추적하기 위한 학제 간 사회학, 다학제 문화 연구를 통해 융합 연구를 수행하는 것, 이것이 인공지능 사회문화학의 방법이다.

인공지능 사회문화학은 인공지능 인문학의 다른 하위 분야들과도 관련된다. 인공지능의 등장과 발전에 따른 인간과 인간의 관계, 또는 인간과 비인간 관계의 재설정과 소통의 변화를 연구한다는 점에서는 인공지능 관계소통학, 그리고 인공지능 데이터해석학과 유사하다. 그러나 인공지능 관계소통학과 데이터해석학이 철저히 언어에 집중하여 관계와 소통을 탐구하는 반면, 인공지능 사회문화학은 언어로 드러나는 것 외에 비언어적으로 관찰되는 소통과 관계에 더 집중한다. 인공지능의 개발 양상과 소비성향 등은 반드시 언어적으로 보고되거나 표현되어야 할 필요는 없으며, 따라서 언어에 집중하는 관계소통학적으로 이해하는 데에는 한계가 있다. 인공지능 사회문화학은 바로 그런 주제에 접근할 수 있다.

인공지능 시대에 인간 정체성의 변화와 현실에 초점을 맞춘다는 점에서 인공지능 사회문화학은 인공지능 기술비평학과도 만난다. 그러나 인공지능 기술비평학이 인공지능을 대상으로 하는 문학, 역사학 중심의 연구를 통해 인공지능의 발달에 따른 개별 인간의 정체성 현실과 변화에 초점을 맞추는 반면, 인공지능 사회문화학은 사회적이고 문화적인 관점에서, 즉 보다 거시적인 관점에서 기술비평학의 논의를 넘어서 개별 문화권, 사회구조, 집단, 체계의 변화 양상에 접근한다. 예컨대 인공지능 기술비평학의 관점에서는 챗봇처럼 감정 소통이 가능한 인공지능의 등장과 상용화가 주체로서의 개인의 내면과 행위 방식에 어떤 변화를 초래하며 초래할 수 있는지를 연구한다면, 인공지능 사회문화학에서는 그로 인한 사회적 관계의 변화, 즉 연인이나 친구, 가족 관계의 변화 등에 관심을 가진다. 이러한 변화는 거의 필연적으로 기술에 대한 접근성이나 소유권과 관련하여 여러 불평등을 야기하며, 따라서 그에 대한 윤리적·규범적 반성이 요구된다. 이 지점에서 인공지능 사회문화학은 인공지능 윤리규범학과 만난다.

인공지능 윤리규범학은 인공지능 인문학 다른 분과들의 성과 위에서 인공지능의 시대에 적합한 실질적인 규범을 제시하는 것이 목적이다. 인공지능 사회문화학이 윤리적·규범적 성찰을 요구하는 사회적 맥락과 문화적 현실을 드러낸다면, 인공지능 윤리규범학은 그런 맥락과 현실에서 지켜야 할 규범을 추구하는 것이다.

인공지능 사회문화학은 이처럼 인공지능 인문학의 다른 분과들과 협조하는 동시에 독자적인 문제의식에 기반하여 인공지능과 사회, 문화의 관계를 탐구한다.

요약하면, 인공지능 사회문화학의 목적은 다음과 같다. 인공지능 사회문화학은 인공지능의 시대를 맞이하여 인공지능과 사회와 문화 사이의 관계를 변증법적·교차적으로 파악하고 대응하기 위한 인공지능 인문학의 분과로서, 사회학과 문화 연구는 물론 언어학, 역사학, 윤리학과 같은 기존의 학제들과 인공지능 연구를 가로지르는 교차로라고 할 수 있다.

3. 인공지능 사회문화학의 연구 대상

(1) 연구의 대상과 내용

인공지능 사회문화학의 연구 대상은 매우 넓다. 인공지능 기술은 인간의 삶 전체에 고루 연계되어 거의 모든 측면에서 변화를 몰고 오기 때문이다. 그 변화는 이미 여러 분야에서 확인되고 있으며, 기술 발전의 속도가 가파른 탓에 어디까지 변화의 파장이 미칠지 예측할 수 없을 정도다. 일상의 미시적인 부분에서부터 각종 제도와 교육, 학문, 의료, 교통, 통신, 예술 등 모든 분야에서 전례를 찾아볼 수 없는 혁신적 변화가 생겨나고 있다.

따라서 인공지능 사회문화학은 인간의 삶 전체를 연구 대상으로 삼아야 한다. 인공지능 기술은 심지어 인간에 대한 정의와 이해 방식마저도 근본적으로 재고해 볼 것을 요청한다. 인공지능 사회문화학이 새로운 형태의 인문학일 수밖에 없는 이유다.

인공지능 사회문화학의 당면 과제는 첫째, 이미 현실화된 변화의 구체적 내용이 무엇인지 꼼꼼히 들여다보는 것이다. 그리고 그 변화가 기존의 질서와 어떻게 다른가를 규명할 수 있어야 한다. 그 변화가 피상적인 차원에서 이루어진 것인지, 본질적으로 과거의 양상과 다른지를 따져 물어야 한다. 예컨대 대부분의 학자들은 인류 역사에서 도구의 발명, 19세기 산업혁명을 이끈 기계의 등장, 정보처리의 혁신을 가져온 컴퓨터의 등장 등을 중요한 본질적 변화의 계기로 진단한다.

물론 그 과정에서 '작은' 변화를 이끌어 낸 다른 기술도 무수히 많다. 문자의 광범위한 배포를 가져온 인쇄 혁명도 있고, 소리 정보를 저장하는 축음기의 발명도 있으며, 이미지의 기계적 생산을 가능케 한 사진과 영화의 발명도 있다. 수레바퀴의 발명, 자동차와 전화기의 발명 등 인간의 삶을 편리하게 바꿔 주고 생산력의 비약적인 증대를 이끌어 낸 기술들은 무수히 많다. 그렇다고 이 '작은' 변화들이 중요하지 않다는 뜻은 아니다. 이 수많은 '기술'들은 분명 인간의 삶과 사회문화에 커다란 영향을 미쳤다. 그렇지만 인공지능 기술은 다른 차원에서 '본질적' 변화를 가져오고 있다. 인공지능은 모든 '작은' 기술들을 포괄하는 '거대한' 기술이기 때문이다.

두 번째 과제는 인공지능 기술이 가까운 미래에 어떤 다른 변화를 가져올지 조망해 보아야 한다는 점이다. 이는 현재 진행되고 있는 변화 양상을 통해 어느 정도 예측이 가능하다. 물론 기술의 발전 속도가 매우 빠른 탓에 변화의 범위와 시기를 가늠하기는 어렵다. 나아가 어떤 새로운 기술이 등장할지는 누구도 예단할 수 없다. 예컨대 챗지피티의 출현을 예상했던 이는 거의 없다. 자연어 처리는 불과 수년 전까지만 하더라도 인공지능의 한계처럼 인식되고 있었지만 갑작스레 등장한 이 생성형 인공지능은 게임의 규칙을 송두리째 바꿔 놓았다. 그러나 트랜스포머를 활용한 GPT 모델은 이미 오래전부터 연구되고 있었으며, 따라서 챗지피티의 등장은 이미 예견되어 있었다고 해도 무방하다.

이러한 양상은 인공지능의 기획 단계에서부터 찾아볼 수 있다. 1956년 다트머스 콘퍼런스에서 처음 제기됐던 의제들은 당시에는 실현되기 어려울 것처럼 보였으나 오늘날에 와서는 거의 구현되었다고 할 수 있다. 예컨대 이 콘퍼런스가 제안한 항목들, 즉 컴퓨터가 인공지능으로 진화하려면 개선해야 할 문제들에는 컴퓨터의 자동화, 자연어 처리, 인공신경망, 연산의 규모와 속도의 증대 등이 포함되어 있는데, 현재의 인공지능은 이런 요구사항을 거의 충족시킨 상태라고 할 수 있다. 따라서 인공지능 사회문화학은 인공지능의 기획과 현재의 기술력, 실제 확인된 변화의 양상 등을 종합적으로 고려하여 미래에 펼쳐질 사회문화 현상을 조망할 수 있을 것이다.

(2) 연구의 방향성

인공지능 기술이 사회문화의 변화에 미치는 방식은 크게 두 가지로 구분된다. 첫째는 데이터 분석과 처리를 통한 변화, 둘째는 데이터 생성을 통한 변화다.

　주지하다시피 인공지능은 인간의 데이터를 학습하여 데이터를 분석하고 처리하여 인간이 내놓지 못한 답을 산술적 확률로 제시한다. 그 과정에서 인공지능이 인간에 대해 갖는 비교우위는 데이터의 양과 속도, 정확성에 있다. 요컨대 인공지능은 엄청난 양의 데이터를 빠르게 학습하며, 분석의 정확도도 높다는 것이다. 따라서 이 '비교우위'를 기반으로 삼고 있는 모든 분야에서 인공지능이 인간을 대체할 가능성이 매우 높다. 한 개인이 처리할 수 있는 데이터의 양은 제한되어 있고, 속도도 느리며, 정확도는 말할 것도 없이 상대적으로 떨어진다. 결국 그 분야에서 인공지능이 인간을 대체하는 현상은 필연적일 수밖에 없다.

　둘째는 데이터 생성의 분야에서 생겨날 변화다. 챗지피티의 등장으로 구체화되고 있듯이 생성형 인공지능의 적용 분야는 갈수록 넓어질 전망이다.

인공지능 기술의 초기 단계에서 인공지능의 데이터 생성 능력은 보잘것없었다. 자연어 생성은 물론이고 이미지 생성도 단순하고 거칠어서 인간의 데이터라 할 수 없는 수준이었다. 그런데 GPT-3가 등장하고 GAN 알고리즘의 생성력이 향상되면서 사태는 급변했다. 나아가 GPT와 GAN이 결합하면서 텍스트-이미지 생성이 가능해지자 생성형 인공지능이 인간의 데이터 생성 능력보다 뛰어날 수 있다는 전망이 나오기 시작했다. 아직은 오류가 있지만 기술력의 발전에 따라 상황이 역전될 가능성은 매우 높다. 그렇다면 데이터 생성과 관련된 모든 분야, 예컨대 학문과 예술, 대중문화, 디자인, 저널리즘 등 새로운 지식이나 정보를 산출하는 분야에서 생성형 인공지능은 놀라운 혁신을 가져올 것이다. 인공지능 사회문화학은 이 두 가지 측면에서의 변화가 인간에게 갖는 의미가 무엇인지에 대해 성찰해 보아야 한다.

긍정성과 부정성이 함께 있다. 우선 이 변화는 유용하다. 19세기에 등장한 산업 기계는 인간의 노동을 대신하면서 인류의 전체 생산력을 비약적으로 증대시켰다. 자동차와 비행기는 사람의 이동 거리를 무한히 넓혀 주었고, 이동속도를 단축했다. 전화는 대륙 간 소통을 실시간으로 가능케 했고, 컴퓨터와 인터넷은 정보의 저장과 소통방식을 근본적으로 바꾸어 놓았다. 이런 변화는 두말할 것 없이 인간에게 유용하다.

인공지능이 데이터의 분석과 처리, 생성을 통해 가져올 변화는 훨씬 광범위하며, 질적으로도 차별성이 있다. 나아가 인공지능은 기존의 다른 기술들과 융합하여 '종합적인' 기술로 진화하고 있다. 인공지능은 (자율주행) 자동차에도 적용되고 비행기에도 적용되며, 휴대폰의 종합적인 정보처리와 정보생산에도 관여한다. 인공지능 기술이 갑자기 사라진다면 그에 익숙했던 인간의 삶은 온갖 불편에 시달릴 것이며, 나아가 사회 전체가 혼란에 빠질 수 있다. 그만큼 인공지능은 인간의 삶 깊숙이 들어와 있다.

따라서 긍정성의 이면에 도사리고 있는 부정성을 함께 따져 물어야 한다. 인공지능의 데이터 분석을 신뢰하는 사람들은 이미 '그들'에게 판단을 맡기고 있다. 인공지능의 데이터 분석이 정확하기 때문이다. 방대한 데이터를 빠르게 처리하고, 인간의 '특질'인 편견이나 선입견도 없으며, 오류도 적다는 점은 기계의 장점이다. 그 때문에 가까운 미래에는 수많은 영역에서 인공지능이 인간의 판단을 대신하는 현상이 생겨날 것이다.

오류가 생겨날 가능성은 있다. 그러나 인간보다 적을 것임은 분명하다. 문제는 판단 착오로 인한 결과에 대한 법적·윤리적 책임을 어떻게 해결할 것인가에 있다. 인공지능 사회문화학이 인공지능 윤리규범학과 연동되어 있는 이유는 그 때문이다.

또 다른 부정성은 결국 인간의 자기소외 문제와 연결된다. 인공지능의 데이터 분석 능력과 생성 능력이 극대화되면 인간은 할 일이 없다. 요컨대 인간은 인공지능에게 자신의 자리를 내준 채 기계가 하는 일을 지켜보는 방관자의 처지로 전락하게 될 것이다. 인공지능 사회문화학은 이 점에 대한 진지한 성찰을 통해 인간이 자기소외라는 변화의 끝자락에서 어떤 자세를 취해야 할지에 대한 전망을 내놓아야 한다.

(3) 연구의 범위

인공지능 사회문화학의 연구 범위는 제한적일 수밖에 없다. 원칙적으로 인간의 삶과 연계된 모든 사회문화현상을 탐구해야 하지만 인공지능 기술이 영향을 미치는 영역은 기술력의 수준이나 유형에 따라 편차가 있기 때문이다.

실제로 인공지능의 기획이 시작된 이후, 즉 1950년대 이후 약 반세기 동안 인공지능 기술은 '점진적인' 발전을 거듭했음에도 불구하고 성과는 미약했다. 1990년대의 인공지능 기술은 주로 게임 분야가 주도했고, 그 과정에서 상업 게임은 대부분 AI 엔진을 탑재하고 있었다. 그러나 여기에 활용된 인공신경망은 과적합 등의 문제로 학습에 한계가 있었고, 정보처리의 시간과 용량에서도 문제를 안고 있었다. 1997년에 IBM의 딥블루가 세계 체스 챔피언을 이겼지만 당시 인공지능의 학습 능력은 보잘 것없었다. 그런데 딥러닝 방식이 도입되면서 2016년 구글 딥마인드의 알파고가 바둑 게임에서 인간에게 승리하는 초유의 사태가 벌어졌다. 인공지능에 전 세계가 주목하게 된 것도 그 때문이다.

이처럼 인공지능 기술은 특정 분야에서 갑작스러운 변화를 만들어 낼 수 있다. 휴대폰에 탑재된 소위 '지능형 비서'나 번역기, 챗봇 등도 딥러닝과 빅데이터 덕분에 괄목할 만한 성장을 거듭해 왔다. 콘볼루션 신경망Convolutional Neural Network의 도입은 이미지 인식 능력에 일대 전환점을 마련해 주었으며, 자율주행차 분야의 핵심 기술 중 하나가 되었다. 2010년대 후반에 등장한 '적대적 생성 신경망GAN'은 이미지와 영상 합성에 탁월한 알고리즘으로 활용되면서 '딥페이크'라는 신조어를 만들어 내기도 했다.

요컨대 특정 기술의 등장은 그 기술이 적용될 수 있는 분야에서 변화를 주도한다. 그러나 그 기술이 영향을 미치는 범위를 특정하기는 쉽지 않다. 따라서 인공지능 사회문화학은 우선 구체적 변화가 벌어지고 있는 영역으로 연구 범위를 한정할 필요가 있다.

인공지능 기술이 촉발한 새로운 사회현상은 무수히 많다. 그렇다고 해서 그 현상들이 지속적으로 반복되면서 하나의 '문화'로 자리 잡을 것이라고 섣불리 판단할 수는 없다. 왜냐하면 현재의 인공지능 기술은 아직 완성되지 않았고 계속해서 진화하고 있기 때문이다. 새로운 기술은 사회구조와 각종 제도 속에서 시행착오를 거쳐 인간의 삶과 착종한다. 초기 단계에서 발생하는 문제들은 기술적 수정과 제도적 보완을 통해 해결될 수 있다. 예를 들어 데이터 편향으로 인해 발생했던 여러 문제들이 인공지능이 야기한 '본질적' 변화의 한 양상이라고 섣부르게 단정해서는 안 된다. 실제 인공지능의 편향 문제는 학습 데이터의 보완이나 제도적 강제를 통해 해결할 수 있는 사안이다.

인공지능 사회문화학은 오히려 인공지능 기술을 통해 생겨난 새로운 사회문화현상들이 인간의 삶 속에 안착해 가는 방식에 주목해야 한다. 이는 인공지능이 선택이 아니라 필연적으로 받아들일 수밖에 없는 '구조'이기 때문이다.

1990년대의 디지털 전환은 이미 인간의 삶에 수많은 변화를 몰고 왔다. 아날로그 매체는 디지털 매체에 자리를 물려준 지

오래고 LP 음반은 소수의 마니아 사이에서만 유통된다. 문자 정보를 기계적으로 저장해 왔던 타자기는 박물관에서나 볼 수 있으며, 플로피 디스크나 비디오테이프VHS는 골동품상에서나 겨우 찾아볼 수 있다. 디지털 정보의 처리에 익숙하지 않은 세대는 소위 '디지털 문맹'의 상태로 불편한 삶을 살아야 한다. 결국 인공지능 기술이 삶의 모든 영역에 관여하여 일종의 '구조'로 정착된다면 그에 대한 대비가 필요하다.

(4) 전망과 대안

인공지능이 야기한 새로운 사회문화현상들은 향후 전개될 근본적인 변화의 징후라 할 수 있다. 거기에는 일시적으로 전개되다가 곧 사라지게 될 현상들도 함께 섞여 있다. 따라서 새로운 '현상'으로부터 변화의 '징후'를 읽어 내야 한다.

현재 전개되고 있는 사회문화의 지각 변동은 분명한 방향성을 갖고 있다. 이를 짧게 압축하자면 인간이 수행해 왔던 모든 지적 활동을 기계가 대신한다는 것이다. 인공지능 기술의 초기 단계에서는 특정 분야, 특히 단순한 지적 능력이 요구되는 분야에서 인간을 대신하다가 점차 그 영역을 넓혀 고도의 능력이 필요한 분야까지 확장되고 있다. 나아가 인공지능은 이제 인간의 지적 능력을 뛰어넘어 전혀 예상치 못했던 지식 정보를 제공하는 단계로까지 진화하고 있다. 이런 현상이 보편화되었을 때 만나게 될 사회는 지금과는 전혀 다른 모습을 하고 있을 것이다.

실상 하나의 사회와 구성원들이 향유하는 문화는 오랜 시간에 걸쳐 수많은 시행착오를 통해 형성된 합의의 결과다. 개개인의 관심과 욕망, 취향과 가치는 때로는 충돌하고 때로는 조화롭게 융합하기도 한다. 그 과정에서 사회라는 공동체의 삶이 탄생한다. 인공지능은 인류의 역사에 출현한 지 불과 반세기 남짓밖에 되지 않았다. 그 때문에 인공지능과 더불어 사는 삶은 이제 막 시작되었다고 해도 과언이 아니다. 우리가 현재 경험하고 있는 변화가 앞으로 어떤 다른 방식으로 전개될지 섣불리 단정할 수 없는 이유다. 하지만 그 충격과 파급력이 워낙 크기에 현재의 변화 양상에 주목해야 한다.

앞에서도 언급했듯이 모든 변화에는 긍정성과 부정성이 함께 따른다. 긍정성은 마땅히 수용해야 하겠지만, 인공지능이 제공하는 편리와 유용성이 반드시 긍정성만 갖는 것은 아니다. 인문학적 관점에서 그 점에 대한 반성과 성찰이 필요하다는 뜻이다.

한편 인공지능 사회문화학은 그와 더불어 부정성에 대한 지적과 함께 앞으로의 전망과 대안 또한 내놓을 수 있어야 한다. 인공지능의 부정적 효과는 이미 도처에서 산발적으로 나타나고 있다. 알고리즘의 제안을 과도하게 신뢰하는 이들은 주체적 판단을 보류한 채 기계의 제안에 순응한다. 그 과정에서 편향의 오류는 심각한 가치 전도를 유발할 수 있다. 또한 인공지능으로 만들어 낸 가짜 정보는 인간을 속일 뿐만 아니라 치명적인 사회 문제를 야기할 수 있다.

인간과 인공지능의 공존은 이미 시작됐다. 인간의 세계에 '생각하는' 기계가 함께 산다는 뜻이다. 인공지능 이전의 세계에서 기계는 단지 수단이자 도구였다. 그런데 이제 앞으로 펼쳐질 세계에서는 기계가 인간과 '거의' 동격의 지위를 갖게 될 것이다.

나아가 과거 인간이 내렸던 결정을 전적으로 기계에게 맡긴다면 그 지위는 역전될 수 있다. 지위의 역전, 가치의 역전이 일어나는 셈이다.

인공지능 사회문화학은 현재 벌어지고 있는 모든 변화 양상을 종합적으로 분석하여 미래를 준비해야 한다. 긍정적 변화는 적극적으로 받아들이되, 예견할 수 있는 부정성을 차단하기 위해 비판적 관점에서 사회현상을 지켜보아야 한다는 것이다. 우리가 살아가야 할 세계는 결국 '인간의' 세계이기 때문이다.

4. 인공지능 사회문화학의 연구방법론

인터넷과 모바일로 인한 산업혁명 이후 소셜미디어와 사물인터넷 등과 같은 기술이 발전함에 따라 데이터 양은 기하급수적으로 늘어났다. 데이터의 유형도 정형 데이터보다 비정형 데이터가 더 많아졌으며, 나아가 CCTV, 웨어러블 스마트 기기에서 만들어진 인지 정보들도 무수히 늘어나고 있다. 2000년대 들어서며 구조화된 데이터가 다양성, 복합성, 소셜화를 가졌다면, 이제는 현실성과 실시간성을 갖게 된 것이다. 바야흐로 인공지능을 동반한 빅데이터 시대가 되었다.

인공지능이 발전하게 된 배경에는 빅데이터의 영향력이 크게 작용하였다. 인공지능 발전에는 빅데이터, 빅데이터를 분석할 수 있는 뛰어난 하드웨어의 발전, 대용량의 데이터를 저장 및 관리할 수 있는 클라우드 컴퓨팅의 보급, 뛰어난 알고리즘의 발전 등이 그 바탕에 있었다. 이는 인공지능이 머신러닝, 딥러닝 알고리즘을 통해 데이터를 분석하고 예측하여 정확하고 유용한 결과를 내기 위해서는 충분한 양과 질의 데이터가 필요하다는 것을 의미한다. 즉 인공지능 구현에 빅데이터를 이용하여 그 정확도를 획기적으로 증가시켰고, 빅데이터 분석에 인공지능 기술을 도입하여 활용성을 높이므로 인공지능과 빅데이터의 관계는 상호 보완적이라 볼 수 있다.

인공지능을 활용해 콘텐츠가 아이에게 미치는 영향을 밝히려는 연구를 진행하였다. 이 연구에서는 인공지능으로 두 명의 미취학 아동을 구현하여, 한 인공지능 아동에게는 아이용 콘텐츠를 제공하여 학습하도록 하였고, 다른 인공지능 아동에게는 무분별한 콘텐츠를 제공하여 학습하도록 했다. 그 결과, 아이용 콘텐츠를 학습한 인공지능 아동은 올바른 언어를 사용하였고, 무분별한 콘텐츠를 받은 인공지능 아동은 비속어를 사용하는 등 확연한 차이를 보였다. 이 사례는 인공지능에게는 올바른 데이터 학습이 중요함을 상기시키고, 나아가 인공지능과 빅데이터는 밀접한 연관이 있음을 확인시켜 주었다.

또한 기하급수적으로 빠르게 증가하는 빅데이터의 중요성이 강조되면서, 이러한 데이터를 다룰 수 있는 데이터 과학Data Science이라는 새로운 개념이 등장하였다. 데이터 과학 분야는 정형, 비정형 형태를 포함한 다양한 데이터로부터 통찰력과 가치를 추출하는 데 과학적인 방법론, 프로세스, 알고리즘, 시스템 등을 필요로 하는 융합 분야로 알려져 있으며, 데이터를 통해 실제 현상을 이해하고 분석하는 데 통계학, 데이터 분석, 머신러닝, 딥러닝 등과 관련된 방법론을 통합하는 개념으로 정의되기도 한다. 그래서 업계뿐만 아니라 학계에서도 데이터 과학을 다루는 학과와 대학원이 지속해서 증가하는 추세이다.

데이터 과학이 생성되면서 데이터 과학자라는 직업군도 생겨났다. 데이터 과학자란 데이터 분석을 통해 유용한 정보를 추출하는 전문가이며, 고객의 행동이나 시장 주기 같은 구조화되지 않은 데이터의 숨겨진 패턴을 찾아냄으로써 새로운 기회를 창출하는 업무를 수행하는 사람으로 일컬어진다. 그러므로 단순한 통계분석 수준을 넘어서 머신러닝과 딥러닝 등의 분석 알고리즘이나 분석모델의 개발 역량이 갖춰져 있고, 대량의 데이터부터 중요한 정보를 찾아내기 위한 다양한 기술 활용 역량이 요구된다. 가장 이상적인 데이터 과학자는 커뮤니케이션, 통계, 프로그래밍, 비즈니스에 대한 이해가 필요한 직군으로 알려져 있다.

빅데이터 분석은 사람에게서 나오는 비정형 데이터와 구조화된 데이터, 기계에서 나오는 데이터들을 수집해 가공하고 최적화하면 의미 있는 정보를 예측해 내고 만들어 낼 수 있는 기술이라 할 수 있다. 빅데이터 분석을 통해 온오프라인에서 발생하는 수많은 데이터를 분석해 트렌드를 예측하고 의사결정을 하는 데 효과적으로 적용할 수 있으며, 특히 사회문화 속에서 향후 발생할 수 있는 위험성을 감지하여 이를 최소화하거나 방지하기 위해 활용되고 있다.

빅데이터 분석기술로는 기술통계 분석, 추론통계 분석, 데이터 마이닝 분석 등이 존재한다. 기술통계 분석은 기본적으로 수행하며 데이터가 가진 일반적인 특성 분석을 수행하는 과정이다. 빈도수, 비율, 평균, 표준편차 등을 분석한다. 그래서 주어진 문제에 대한 변수 구성이나 데이터 특성에 따라 추론통계 분석과 데이터 마이닝 분석을 종합적으로 활용하는 것이 빅데이터 분석이다.

이 중 데이터 마이닝 기법이 빅데이터 분석기술로 자주 언급된다. 데이터 마이닝은 데이터를 채굴한다는 뜻으로, 대량의 데이터로부터 새롭고 의미 있는 정보를 추출해 의사결정에 활용하는 작업을 의미하는데, 데이터 마이닝은 크게 텍스트 마이닝Text Mining, 평판 분석Opinion Mining, 의미 연결망 분석Semantic

Network Analysis, SNA, 군집 분석Clustering 등으로 볼 수 있다.

　텍스트 마이닝은 자연어 처리 기술을 이용하여 텍스트에 나타나는 단어를 분해해 특정 단어의 출현 빈도를 파악하며 단어 간 관계를 조사하는 방법이다. 평판 분석은 웹사이트와 소셜미디어에 나타난 의견들을 분석하여 유용한 정보로 재창조하는 기술이다. 데이터에 대한 대중의 의견이 긍정인지 부정인지, 또는 중립적인지 아닌지를 알 수 있다. 의미 연결망 분석은 소셜 네트워크의 연결 구조 및 연결 강도 등을 바탕으로 사용자의 명성 및 영향력을 측정함으로써, 소셜네트워크상에서 입소문의 중심이나 허브 역할을 하는 사용자를 찾아내는 기술이다. 군집 분석은 개체의 유사성을 측정하여 대상 집단으로 분류한 뒤, 그에 속한 개체들의 유사성을 찾거나 서로 다른 집단에 속한 개체 간의 차이점을 규명하는 기술로 볼 수 있다.

　좀 더 상세히 구분하면 텍스트 마이닝, 소셜네트워크 분석, 평판 분석, 군집 분석, 연관 분석 등으로 나눌 수 있다. 텍스트 마이닝은 자연어 처리 기술을 기반으로 비정형 텍스트 데이터의 의미 있는 정보를 추출하는 과정이다. 소셜네트워크 분석은 개인이나 그룹의 소셜네트워크 영향력이나 관심사, 성향, 행동 패턴을 그래프로 만들어 분석하고 추출한다. 주로 비정형 텍스트를 다루며 감성 분석을 대표적인 사례로 꼽을 수 있다.

　평판 분석은 소셜미디어에 올라와 있는 소비자들의 의견을 수집·분석해 제품이나 서비스에 대한 정형적·비정형적인 텍스트를 파악하고 텍스트 내용이 긍정적인지 부정적인지 중립인지 평판을 추출한다. 여기에는 텍스트 마이닝과 자연어 처리 기술, 비정형 분석과 각 단어의 형태소를 분석하는 여러 기술이 복합적으로 사용된다. 군집 분석은 유사한 특성을 가진 것들끼리 그룹으로 분류하는 기술이고, 연관 분석은 데이터 간의 연관성과 상관관계를 표현하는 규칙을 발견해 내는 과정이다.

이러한 빅데이터 분석을 통해 음원 플랫폼, 넷플릭스Netflix 등과 같은 OTT 플랫폼 등은 이용자 취향을 저격하는 콘텐츠를 정확히 찾아 주며, 가장 좋아하는 콘텐츠를 예측하는 맞춤형 서비스를 제공하고 있다.

1부

인공지능과
기술문화

인공지능에 관심을 가진 이들이라면 한 번쯤 'AI 4대 천왕'이라는 말을 들어 봤을 것이다. AI 4대 천왕이란 AI의 혁신을 이끄는 네 명의 대가들, 즉 제프리 힌튼Geoffrey Hinton, 얀 르쿤Yann LeCun, 요수아 벤지오Yoshua Bengio, 앤드루 응Andrew Ng을 이르는 말이다. 이들 중 앤드류 응은 유일한 아시아계로, 한때 1,300명이 넘는 바이두百度, Baidu의 최고 과학자로 일하면서 머신러닝, 음성인식 검색, 자율주행, 의료 인공지능 등 주요 프로젝트들을 진두지휘했다. 중국의 '인공지능 굴기崛起'를 이끌던 응은 2017년 바이두의 최고 과학자에서 물러나면서 블로그에 "AI는 새로운 전기AI is the New Electricity"라는 글을 남겼다.[1]

응의 선언은 인공지능의 영향력을 웅변적으로 드러내고 있다.

---

[1] 이 표현은 응이 스탠퍼드대학의 경영대학원생을 대상으로 진행한 특강의 제목이기도 했다. https://www.youtube.com/watch?v=21EiKfQYZXc

마치 전기가 그러했듯이 인공지능 또한 사회와 산업의 모든 분야를 돌이킬 수 없이 바꿔 놓을 잠재력을 가지고 있다는 것이다.

인공지능이 이제까지의 기술과는 전혀 다른 파급력을 가진다는 점에 대해서는 이견이 없다. 단지 그것이 어떤 영향을 미치는지, 그리고 그 영향이 어느 정도인지에 대해 의견이 갈릴 뿐이다.

인공지능이 새로운 전기가 된 세상은 어떤 세상일까? 우리가 사는 현재로부터 미래를 추측할 수 있다. 이미 직원을 채용하는 데 인공지능 면접을 도입하는 기업들이 늘고 있다. 직업을 갖기 위해서는 인공지능에게 점수를 따야 하는 것이다!

또한 우리가 현재 보고, 읽고, 사는 것의 대부분은 알고리즘에 의해 우리에게 노출되고 추천된 것이다. 우리가 어떤 정보를 우선적으로 접하는지를 결정하는 알고리즘은 '의식 조작'의 혐의를 받을 정도로 알게 모르게 우리의 생각과 취향, 선택에 막대한 영향을 미친다. 우리의 선택이 사실 알고리즘에 의해 '설계'된 것이라면, 우리는 과연 정말 우리가 보고 싶어 하는 것을 보고, 읽고 싶어 하는 것을 읽고, 사고 싶어 하는 것을 산다고 자신할 수 있을까?[2] 이미 주식시장의 거래는 대부분이 초단타 매매High-Frequency Trading, HFT 알고리즘에 의해 이루어지고 있다. 사람들끼리의 만남을 도와주는 앱뿐만 아니라, 아예 친구가 되

---

[2] 실제로 이런 소비자의 소비 데이터에 기반하여 구매 패턴을 읽어 내어 그에 따라 상품을 추천하는 것을 선택 설계(choice architecture)라고 한다. 선택이 애당초 상당 부분 설계된다면, 과연 우리가 소비자로서 자신의 의사에 따라 '자유로운' 선택을 한다고 할 수 있을까?

어 주는 챗봇까지 출시되고 있다.

　인공지능은 이제까지 없었던 편의와 효율을 가져다주었지만, 그만큼 새로운 위험을 초래하기도 한다. 편향적인 데이터로 학습한 인공지능이 면접에 활용된다면 어떻게 될까? 실제로 2018년 아마존은 인공지능을 활용한 채용 시스템을 없앴다. 남성 지원자가 많았던 과거 이력서 데이터를 학습한 인공지능이 여성 지원자의 평가점수를 '스스로' 감점했기 때문이다. 인공지능이 편향된 데이터를 통해 편견을 학습한 것이다. 10여 년 전인 2010년 5월에는 거래 종료를 15분 남기고 다우존스 지수가 순식간에 1,000포인트 가까이 떨어지는 '플래시 크래시Flash Crash'가 터졌는데, 이 사태의 주범으로 초단타 매매 알고리즘이 지목되기도 했다.[3]

　인공지능이 새로운 전기가 된 미래에는 이와 유사한 일들이 비일비재할 것이다. 이런 위험에 대비하기 위해서라도 인공지능이 사회에서 받아들여지는 방식, 즉 인공지능 기술문화AI Technology Culture와 그로 인한 쟁점들을 보다 면밀히 살펴봐야 할 필요가 있다.

　여기서는 우리의 사회와 문화에 큰 영향을 미치고 있는 인공지능 기술의 활용 사례로서 자율주행차를 중심으로 인공지능 기술문화를 비판적으로 고찰해 보고자 한다.

　자율주행차와 인공지능은 밀접한 관련이 있다. 인공지능이

3　초단타 매매는 주가나 파생상품의 미세한 가격 변동을 이용해 초당 수백 번에서 수천 번까지 매매해 수익을 올리는 방식인데, 거래 속도가 너무 빨라 알고리즘을 사용하지 않으면 거래가 불가능하다.

산업적으로 가장 각광받고 있는 분야가 자율주행이기 때문이다. 자율주행차는 인공지능이 실제 사회에서 어떻게 받아들여지는지를 가장 구체적이고도 현실적으로 보여 줄 수 있는 사례다. 이를 위해 이 글에서는 우선 인공지능의 고유성을 살펴볼 것이다. 인공지능은 이제까지의 기술에 비해 무엇이 다를까? 인공지능의 고유성에 대한 이해는 인공지능의 영향력과 수용에 대해 면밀하고 신중하게 접근하는 데 필수적이다.

다음으로 자율주행이 어떻게 단계별로 분류되는지, 그리고 각각의 단계가 어떤 특징을 갖고 있는지를 알아볼 것이다. 자율주행의 단계별 구분에는 현실에서 통용되는 자율주행의 개념을 반영하고 있다. 이후 하나의 사례로서 자율주행 업계를 주도하고 있을 뿐 아니라 대중적으로도 널리 알려진 테슬라 오토파일럿Tesla Autopilot과 관련된 이슈들을 분석해 볼 것이다. 오토파일럿의 사례는 인공지능의 고유성이 제대로 이해되지 않을 때 어떤 문제들이 발생할 수 있는지를 생생하게 보여 준다. 오토파일럿을 둘러싼 논란과 수용 양상을 분석함으로써 우리는 사회에서 인공지능과 관련된 기술문화의 한 단면을 살펴볼 수 있을 것이다.

1장
인공지능의 특성들: 행위자, 복합체, 타자

1. 자율적 행위자로서의 인공지능

(1) 인공지능의 자율성이란 무엇인가?

현재까지 현장에서 쓰이는 많은 인공지능은 정해진 과제를 정해진 절차대로 처리하는 자동화 절차에 해당한다. 현실의 인공지능은 '기계도 생각할 수 있는가?'와 같은 질문과는 독립적으로, 사실상 세련된 자동화 기능으로 개발되고 활용되어 온 것이다. 기존의 자동화 기술들과 비교할 때 자동화 기능으로서의 인공지능에서 어떤 본질적인 차이를 찾기는 쉽지 않다. 일상적으로 반복되는 단조로운 업무, 가령 정해진 서식에 정해진 정보를 정기적으로 입력하고 갱신하는 작업을 자동화한 프로그램을 인공지능이라고 해도 문제가 없다. 자동화 기능이라는 점에서 보자면 인공지능이나 세탁 작업을 자동화한 세탁기나 그리 다르지 않다고 할 수 있다.

자동화 기능에 머무르던 인공지능은 기술적으로 큰 변화를 겪게 된다. 설계자가 정해 준 규칙에 따라 정해진 과제를 처리하는 규칙 기반Rule-based 체계로서의 인공지능은 이제 더욱 복잡한 환경에서 더 복잡한 과제를 처리하기 위해 '스스로' 인식하고, 계획하고, 학습하고, 제어하는 지능적 체계로 진화한다. 인공지능이 자동적 체계Automated System를 넘어 자율적 체계 Autonomous System가 된 것이다.

자동적 체계는 어떤 입력이 주어지면 미리 주어진 규칙에 따라 출력을 내보낼 수밖에 없는데, 이 과정은 마치 주어진 가정과 전제에 따라 결론을 도출하는 연역 추론과 유사하다. 반면에 자율적 체계의 경우 주어진 데이터에서 시스템 스스로 규칙을 찾아낸다. 시스템이 따르는 규칙은 어떤 데이터가 얼마나 주어지는지에 따라서 달라지며, 따라서 자율 시스템은 같은 입력에 대해서도 완전히 다른 출력을 내놓을 수 있다. 이렇게 축적된 데이터로부터 규칙을 끌어내는 과정은 귀납 추론과 유사하다고 할 수 있다. 자율적 체계는 데이터로부터 무엇을 학습하는지에 따라서 인간 설계자가 정해 주지 않은 방식으로도 작동할 수 있다.

자동적 체계와 자율적 체계를 가르는 결정적인 차이는 인간 설계자가 미리 정해 주지 않은 방식으로 작동할 가능성의 유무라고 할 수 있다. 자율적 체계의 '자율'은 데이터를 기반으로 인간의 개입 없이 스스로 학습하며, 그렇게 학습한 바에 따라 행동하는 능력을 의미한다. 앞서 말한 사무 자동화 프로그램과 알파고를 비교해 보면 자동 시스템과 자율 시스템의 차이를 알 수 있다. 사무 자동화 프로그램이 수년간 동일한 서식 완성을 반복한다 한들 그 경험을 바탕으로 학습을 하고 패턴이나 규칙을 학습하여 다른 방식으로 서식을 완성하지는 않을 것이다. 반면에 알파고의 경우 방대한 양의 바둑 기보를 학습해 스스로 패턴을 파악하고 바둑을 둔다. 데이터에 의해 스스로 학습하고 행동하는 것이다.

자율적 체계와 자동적 체계 사이의 차이가 그저 세련됨, 복잡함, 효율의 정도 차이라고 생각할 수도 있겠지만, 인공지능의 학습방식을 살펴보면 둘 사이에는 무시할 수 없는 차이가 있다. 자동적 체계는 엄밀히 말하면 데이터에 기반을 둔 학습을 한다고 할 수 없다. 그저 인간에 의해 프로그램된 대로 작동할 뿐이다. 반면에 자율적 체계의 핵심은 학습이다. 자율적 체계는 자신이 따라야 할 매뉴얼을 스스로 쓸 수 있을 뿐 아니라, 데이터를 학습하여 수정하고 편집할 수 있다. 다시 말해 자동적 체계는 남이 써 준 규칙을 그대로 따를 수밖에 없지만, 자율적 체계는 무엇을 어떻게 배우는지에 따라서 자신이 따를 규칙을 스스로 다시 쓸 수 있다. 이는 단지 정도의 차이가 아니라 본질적인 차이다.[4]

인공지능은 자율적으로 됨으로써 인간이 예측하지 못하는 의사결정을 할 수도 있다. 인공지능을 설계하고 데이터를 선택하는 것은 인간이지만, 데이터로부터 무엇을 학습하여 실행할지는 전적으로 인공지능의 소관이다. 따라서 데이터를 대량으로 접한 자율적 체계가 그로부터 어떤 패턴을 발견하여 실행할지, 인간은 결코 완벽하게 예측할 수 없게 된다. 즉, 결과적으로 어떤 과제에 대하여 인공지능이 최종 판단을 내릴 때 그것을 설계하고 학습시킨 인간조차도 그것이 어떤 과정을 거쳐 나왔는지를 알 수 없는 경우가 생길 수 있다.[5] 알파고의 설계자라고 해서 알파고의 수를 예측하거나 설명할 수 있을까? 알파고가 이세돌 9단을 이긴 것이 2016년이고, 그 이후로도 알파고는 막대한 기보를 학습하면서 업그레이드를 거듭해 왔다. 현존하는 어떤 바둑 명인도 알파고를 이기는 것은 물론, 그 수를 예측하거나 설명하지 못할 것이다.

(2) 자율적 행위자의 출현

인공지능이 예측과 설명이 어려운 자율성을 가진다는 사실은 인공지능의 지위에도 영향을 미친다. 인공지능이 예측을 벗어나거나 설명이 어려운 방식으로 작동한다면, 그것을 단지 인간

---

[4] 개념상의 차이에도 불구하고 실제로는 자동화와 자율성이 명확히 구분되지 않은 채 혼용되고 있는 실정이다. 사용 빈도만 따지면 자율성을 의미하는 'autonomous'보다 자동화된 상태를 뜻하는 'automated'라는 표현이 훨씬 더 많이 쓰인다. 번역에서도 'automated'는 '자동'이 아니라 주로 '자율'로 번역되고 있다. 이후에 상세히 다루겠지만, 자율주행차에 적용된 인공지능인 ADS(automated driving system)는 직역하면 '자동운전 체계'라고 번역해야 하지만 많은 경우 '자율주행 시스템'으로 옮겨지고 있다.

[5] 자동적 체계의 경우에도 드물게 예측이나 설명이 힘든 방식으로 작동하는 경우가 있다. 하지만 이러한 오작동은 애당초 설계에 문제가 있거나 체계 외부로부터 우연적이고 예외적인 요인이 개입해서 일어나는 사고(accident)나 해프닝(happening)일 뿐, 체계 자체가 예측이나 설명이 불가능한 방식으로 작동해서 일어나는 것이 아니다. 한강의 즉석 라면 조리기가 종종 엉뚱하게 작동할 수는 있지만, 누구도 그것이 원칙적으로 예측이나 설명을 거부한다고는 생각하지 않을 것이다.

의 목적과 의도에 맞게 자의적으로 활용할 수 있는 도구로만 간주하기는 어려울 것이다. 언제나 목적이나 의도에서 벗어날 가능성이 내재하고 있기 때문이다. 그것은 인간과 같은 의도나 욕구를 갖지는 않지만, 그렇다고 단순하게 예측되고 설명되는 방식으로 작동하는 것도 아니다. 인공지능의 수행성은 기계나 도구의 작동과는 다르다. 그것은 예측과 설명이 어렵다는 의미에서 일종의 행위Action라고 할 수 있을 것이다. 인공지능은 새로운 종류의 행위자인 것이다.

물론 이런 행위자는 인간과는 다를 것이다. 인간은 (그리고 일부 동물들은) 의도와 욕구 같은 지향적인 심적 상태를 가지며, 그 상태를 충족하기 위해 합리적으로 행위한다. 행위의 배후에 무언가 더, 즉 의도나 욕구와 같은 심적 상태가 있는 것이다. 지향적인 심적 상태가 행위에 덧붙어 있다는 의미에서 그들의 행위성은 '두껍다'.

반면에 인공지능의 작동에는 그런 지향적인 심적 상태가 덧붙여지지 않는다. 인공지능이 자율적으로 작동한다는 것은 그것이 자신이 학습한 대로 스스로 작동한다는 것, 그래서 예측과 통제가 다소간 어렵다는 것 외에 다른 뜻이 아니기 때문이다. 그것은 자율적 행위자이지만 심적인 지향성과 무관하다는 의미에서 부담이 없고, '얇다'. 인간과 일부 동물들을 포함하는 존재자들이 두꺼운 행위자Thick Agent라면, 자율적인 인공지능은 얇은 행위자Thin Agent라고 할 수 있을 것이다.[6]

2. 기술-윤리-경제 복합체로서의 인공지능

(1) 변화하는 기술과 윤리의 관계

일반적인 공학 윤리Engineering Ethics에서는 기술과 윤리가 서로 대립하는 것으로 간주되며, 기술을 개발하는 단계부터 윤리적 고려가 개입한다. 공학 윤리는 어떤 기술을 어떤 동기로 개발하는지, 개발 과정에서 윤리적으로 문제가 있지는 않은지, 기술이 상용화될 경우 위험이 있지는 않은지, 그 위험에 대한 책임은 어떻게 할당되는지 등의 문제들에 대해 체계적이고 비판적으로 접근하려 한다.

윤리적 고려는 기술에 얼마나 영향을 주는지에 대한 평가와 결합하여 각종 기술과 관련된 법적 규제를 도입할 근거가 된다. 이 때문에 공학 윤리는 결과적으로 기술개발을 저지하거나 방해하는 효과를 낼 수 있다. 기술개발과 윤리적 고려 사이에 한쪽이 강해지면 다른 쪽은 약해지는 길항拮抗 관계가 성립하는 것이다. 기술개발의 현장에서는 윤리적 개입을 기술개발의 경쟁력을 떨어뜨리는 규제 도입의 전초 작업이 아닌지 의심하고, 반대로 윤리학자들은 신기술의 개발 과정에서 도덕적 문제들이 간과되지는 않을지 우려한다. 공학 윤리는 공학자들의 의심과 윤리학자들의 우려가 충돌하는 대립과 갈등의 장이다.[7]

그런데 인공지능에서는 상황이 반전된다. 기술개발을 하는

---

6 두꺼운 행위자와 얇은 행위자의 구분을 위해서는 문규민, 『신유물론 입문: 새로운 물질성과 횡단성』, 두번째테제, 2022, 53~54쪽 참조.

측에서 먼저 나서서 인공지능의 위험과 윤리적 문제를 고려하기를 전 사회에 요청하고 있는 것이다. 빅테크 기업들은 현재 입을 모아 인공지능 개발에 대한 윤리 지침의 필요성을 말하고 있다.

2014년 딥마인드를 구글에 매각하던 당시 데미스 하사비스Demis Hassabis는 인공지능의 군사적 활용과 관련된 연구를 하지 않는다는 것을 조건으로 내걸었다. 이에 구글은 군사적 목적의 연구를 하고 있지 않음을 밝히면서 회사 내부에 인공지능 윤리를 위한 위원회를 설립한다. 일론 머스크Elon Musk가 2018년 텍사스에서 열린 SXSW 콘퍼런스South by South West conference에서 "AI가 핵탄두보다 더 위험하다."라고 한 것은 잘 알려진 사실이다. 그는 인공지능의 잠재적 위험과 긍정적 사용을 연구하는 비영리 연구단체인 오픈 AIOpenAI를 설립할 뿐 아니라, 하사비스와 합심하여 2017년 '아실로마 인공지능 원칙Asilomar AI Principle'을 발표한다.

아실로마 원칙은 인공지능 연구의 목적이 인간에게 이로운 인공지능을 개발하는 것이라고 연구의 방향을 못 박는 한편, 어떤 연구에 연구비를 지원해야 하는지, 과학과 정책은 어떻게 연결되어야 하는지, 어떤 연구 문화를 조성할 것인지, 어떻게 협력할 것인지를 총괄적으로 다루고 있다. 이 선언은 인공지능의 개

---

7   생명공학을 둘러싼 논쟁은 기술과 윤리의 길항을 전형적으로 보여 준다. 통상 생명공학을 연구, 개발하는 엔지니어들은 기술이 가져올 막대한 이익과 효용에 대한 전망을 근거로 기술개발과 상용화를 주장한다. 반면에 공학 윤리에서는 기술개발 과정에서의 위험과 불공정성 등을 근거로 기술의 개발과 사용에 제약과 관리가 필요함을 역설한다.

발과 사용에서 안전은 물론 장애 투명성, 사법 투명성, 책임, 자유와 프라이버시의 가치가 지켜져야 한다는 점을 선언하고 있다.[8] 유럽연합 의회나 국제전기전자협회IEEE에서도 인공지능 윤리 지침인 EADEthically Aligned Design라는 표준을 개발 중이다.[9] 인공지능을 생산하는 기업들이 인공지능에 대한 규제와 윤리에 대한 담론을 주도하고 있는 것이다.[10]

기업에서 먼저 인공지능 윤리를 말하는 것은 윤리적이지 않은 기술은 팔리지도 않을 것이라는 각성이 있기 때문이다. 누구도 자신의 외로움을 달래 줄 챗봇이 욕설 또는 혐오 발언을 하기를 바라지 않을 것이다. 누구도 자신의 자율주행차가 무책임

---

[8] 출처 https://futureoflife.org/open-letter/ai-principles (최종검색일 2023.5.3.) 이 사이트에는 아실로마 콘퍼런스에서 원칙을 정하는 과정과 당시의 상황을 담은 비디오도 확인할 수 있다.

[9] 출처 https://standards.ieee.org/industry-connections/ec/ead-v1 (최종검색일 2023. 5.3.) 이 사이트에서는 최초 판본부터 최신판까지 확인할 수 있다.

[10] 물론 이런 기업들의 움직임을 의심할 수도 있다. 윤리에 신경을 쓰는 척하지만, 사실은 더 큰 이득을 위해 윤리를 이용하는 일종의 '윤리 세척(ethics washing)'이 아니냐는 것이다. 실제로 그렇게 볼 만한 여지가 없지 않다. 기업의 입장에서는 윤리 지침의 제정에 앞장섬으로써 사회적으로 긍정적인 이미지를 만들어 학계와 대중의 비판적 시선을 누그러뜨릴 수 있다. 선제적으로 윤리 문제를 이끌면서 인공지능 윤리 담론의 주도권을 잡아 여론을 자신들에게 유리한 방향으로 이끌 수 있는 것이다. 이런 관점에서 보면 빅테크 기업들이 말하는 인공지능 윤리는 환경친화적인 기업의 이미지를 만들려는 녹색 세척(green washing), 성소수자들에게 친화적인 이미지를 만드는 핑크 세척(pink washing) 등과 같이 또 하나의 세련된 마케팅 전략일 수 있다. 기업들이 주도하는 윤리 담론이 윤리 세척의 혐의를 완전히 벗기는 힘들 것이다. 그러나 어떤 참여자들이 어떻게 개입하는지에 따라 담론의 전개 양상과 효과는 얼마든지 달라질 수 있으며, 따라서 윤리 세척의 혐의만으로 인공지능 윤리에 대한 논의 자체를 거부할 필요는 없다. 기업들이 주도해서라도 인공지능 윤리에 대한 논의를 시작하는 것이 논의가 아예 없는 것보다 낫다는 것은 명백하기 때문이다.

하게 갑자기 운전을 그만두거나 위험한 상황에서 운전자나 보행자를 특정하여 들이받기를 바라지 않을 것이다. 누구도 자신의 아이들이 즐기는 SNS나 유튜브의 알고리즘이 선정적이거나 폭력적인 콘텐츠를 여과 없이 추천하기를 바라지 않을 것이다.

안전하지 않은 기술을 개발하고 사용하는 것은 단지 위험한 일일 뿐만 아니라, 옳지 않은 일이기도 하다. 즉 인공지능의 경우 안전하지 못한 기술은 곧 윤리적이지 못한 기술이고, 윤리적이지 못한 기술은 곧 안전하지 못한 기술이 되는 것이다. 공학윤리와는 정반대로 인공지능 윤리에서 기술과 윤리의 대립보다는 협력을 요구하고 있는 것이다.

(2) 기술, 윤리, 산업의 얽힘

자율적 체계로서 인공지능의 출현은 기술의 발전을 넘어선 함의를 지니고 있다. "인공지능은 그에 따른 윤리적 문제들을 해결해야만 기술 발전과 사업 이득이 가능해지는 새로운 시대로 사람들을 이끈다. (…) 즉 과거에는 기술 발전과 비즈니스가 윤리와 갈등 관계에 있었던 반면, 인공지능의 발전은 도리어 윤리를 고려해야만 기술 발전과 비즈니스가 가능한 사회로 우리를 이끌고 있는 것이다. 이런 상황은 비단 자율주행차만이 아니라 인공지능과 관련된 모든 분야에서 마찬가지다."[11] 윤리는 기술이 어떠해야 하는지를 결정하고, 기술은 윤리를 실제로 구현한다. 빅테크 기업들은 이런 기술과 윤리 사이의 얽힘을 일찍부터

---

[11] 인공지능과 가치 연구회, 『인공지능윤리: 다원적 접근』, 박영사, 2021, 23쪽.

파악했고, 이 문제에 선제적으로 대처하기 위해 앞다투어 윤리 지침을 만들고 있는 것이다.

이러한 복잡한 관계는 인공지능이 이질적 요인들로 구성된 복합물, 즉 기술-윤리-산업 복합체Techno-Ethico-Industry Complex 임을 드러낸다. 인공지능은 더 이상 단순히 윤리와 대립하고 갈등하는 기술이 아니다. 오히려 윤리를 구현하는 인공지능만이 산업적으로도 가능성이 있을 것이고, 산업적으로 활발하게 개발되고 생산될수록 다시 윤리적인 인공지능에 대한 요구도 높아진다. 따라서 인공지능을 정확하게 이해하기 위해서는 기술, 윤리, 산업의 전체적인 관련성을 염두에 두어야만 한다. 산업이 성장할수록 기술과 윤리의 얽힘은 더 중요해질 것이며 기술, 윤리, 산업 중 어느 하나에만 초점을 맞추는 단편적인 접근은 기술, 윤리, 산업 모두에 부정적인 결과를 초래할 것이다.

이런 복합성은 인공지능이 보급되고 적용되는 양상의 보편성에 기인한다. 인공지능이 소통, 이동, 주거, 의료 등 삶에서 필수적이고 중요한 영역에 적용되는 경향은 앞으로도 더욱 심화될 것이다. 따라서 이러한 인공지능은 윤리적 고려를 피할 수 없으며, 윤리적 고려를 얼마나, 어떻게 충족하는지가 기술의 개발과 판매, 응용은 물론 산업에도 영향을 줄 수밖에 없다.

3. 새로운 타자로서의 인공지능

(1) 인공지능, 무엇이 다른가?

얇은 행위자로서의 인공지능은 인류가 이제까지 삶 속에서 접해 온 자율적 행위자, 대표적으로 가축과 두 가지 측면에서 다르다.

첫째, 가축의 경우 관련된 기술이 발전하면 할수록 예측 가능성과 통제 가능성이 점점 커지는 반면, 얇은 행위자로서의 인공지능의 경우에는 정반대다. 기술이 발전할수록 예측과 통제가 더욱 힘들어진다. 현재 가축화와 관련된 기술은 탄생에서 죽음까지 동물을 거의 완벽하게 통제하고 있다. 하지만 인공지능은 기술이 발전할수록, 데이터가 방대해질수록 예측과 통제의 가능성이 줄어든다. 기술의 발전과 예측과 통제의 가능성이 반비례하는 것이다. 인공지능이 발전할수록 그에 대한 논란이 그치지 않는 것은 바로 이런 반비례 관계 때문이다.

또한 인공지능의 경우 인간이 그에 대해 직관적으로 판단하기가 어렵다. 동물의 가축화는 인류 문명의 발전과 함께해 왔고, 그래서 어떤 환경에서 어떻게 반응할지 알 수 있다. 또한 가축화된 동물은 생물학적으로 인간과 친연성이 있기에 직관적으로 지향성을 가정하는 데 큰 문제가 없다. 그런데 인공지능은 모든 면에서 정반대다. 현재와 같은 형태의 인공지능이 출현한 것은 후하게 평가해도 반세기가 채 되지 않는다. 그토록 짧은 시간 동안 놀라운 자율성을 획득했기에, 그것을 어떻게 생각해야 할지 직관적으로 파악하기 어렵다. 두꺼운 행위자로서의 가축화된 동물의 경우 유구한 역사를 통해 그와 관련된 직관을 가질 수 있는 시간이 차고 넘쳤던 반면, 얇은 행위자로서의 인공지능의 경우에는 그럴 시간이 턱없이 모자랐던 것이다. 이러한 직관의 부재 때문에 인공지능에 대한 논란은 동물과 관련된 논쟁과는 다른 양상으로 펼쳐진다.[12]

(2) 인공지능, 어떻게 다룰 것인가?

인공지능은 인간의 예측과 통제가 어렵다는 의미에서 여타의 기계와 같지 않지만, 또한 인간이나 동물과 같지도 않다. 그것은 정신적인 욕망이나 의도를 갖고 있지 않은 얇은 행위자이기 때문이다. 인공지능은 완전히 도구처럼 다루기에는 너무 자율적이고, 인간이나 동물처럼 대우하기에는 너무 이질적이다. 이처럼 새로운 자율적 행위자로서의 인공지능은 우리에게 새로운 관계 맺기를 요청하고 있다. 우리는 자율적 체계로서의 인공지능을 어떻게 대우해야 하는 것일까?

인간이 인공지능을 대우하는 방식은 인공지능이 가지는 도덕적 지위에 따라 달라질 것이다. 우선 인공지능은 스스로 도덕적 판단을 하는 도덕적 행위자Moral Agent일 수 있다. 그것은 반대로 도덕적 판단의 행위를 받는 대상, 즉 도덕적 피동자Moral

---

12 행위자의 감수성(sentience)과 관련된 논란이 대표적이다. 적어도 일부 동물들이 감수성을 가진다는 것은 현재로서는 논란 없이 받아들여진다. 문제는 비록 감수성을 인정하더라도, 그것이 그들을 인간과 동등하게 도덕적으로 고려해야 할 근거가 되느냐는 것이다. 반면에 인공지능의 경우에는 애당초 감수성을 가질 수 있는지가 문제가 되며, 이에 대해서는 가능하다고 주장하는 쪽이나 불가능하다는 쪽이나 그다지 강력한 직관을 갖고 있지 않다.

Patient일 수도 있다는 뜻이다. 인공지능이 만약 행위자로서의 지위를 가진다면 우리는 그것에 의무를 부여하고 판단이나 행위에 대한 책임을 물을 수 있을 것이다. 반면에 인공지능이 피동자로서의 지위를 가진다면 우리는 인공지능에게 도덕적으로 대우받을 일종의 권리를 부여해야 하며, 인공지능도 그 권리에 대한 의무를 져야 할 것이다. 인공지능과 인간 사이의 관계를 어떻게 설정할지의 문제는 인공지능을 도덕 공동체의 일원으로 포함해야 할 것인지의 문제인 것이다.

동물윤리Animal Ethics나 무기적 환경의 조화로움에 미치는 영향을 도덕적 기준으로 삼아야 한다는 대지윤리Land Ethics의 출현이 시사하듯이, 현대 윤리학은 행위자로서의 지위만이 아니라 피동자로서의 지위 또한 중요하게 고려하는 쪽으로 변해 가고 있다. 이렇게 인공지능이란 무엇인가를 탐구하는 존재론과 인공지능을 어떻게 대우해야 하는가를 탐구하는 윤리학이 교차하는 가운데, 인공지능이 새로운 타자로 등장하고 있는 것이다.

"여기서 우리가 주목해야 할 것은 인공지능이 더 이상 단순한 기술적 도구가 아니라, 우리의 삶의 양식 혹은 문법 자체를 근원적으로 재규정하는 타자로 부상하고 있다는 것이다. 우리가 살고 있는 생태적 공간은 이제 단지 자연적 환경이 아니라, 여러 기술적 존재들의 네트워크와 얽혀 있는 기술적 생태공간이다. 우리가 사는 세상은 개별적인 인격체나 행위자의 조그만 행위들이 서로 결합하여 복잡한 상호작용을 거치면서 전혀 예기치 않은 재앙적 결과로 이어질 수 있는 세상이다. 이러한 생태공간 안에서 인공지능 행위자들은 우리 삶의 변수가 아니라 상수로 자리매김할 가능성이 높다. 시간이 지날수록 이들은 도구적 성격에서 벗어나 점점 더 인간(인격)적인 상호작용의 상대역에 해당하는 새로운 형태의 타자성을 띠게 될 것이다."[13]

인공지능은 인간이 이제껏 접하지 못한 고유한 특성들을 보여 주고 있다. 다음 절에서는 인공지능이 가장 활발하게 활용되고 있는 영역인 자율주행차의 사례를 통해 인공지능의 고유한 특성이 어떻게 실현되고 있는지 알아보고자 한다.

우선 자율주행에 대한 국제 SAE Society of Automotive Engineers international 6단계 구분을 통해 자율주행차의 개념이 정의되는 방식을 알아보고, 현재 자율주행차 산업에서 가장 주목받고 영향력이 있는 테슬라 오토파일럿을 사례로 삼아 자율주행차 개발의 실제 현실을 살펴볼 것이다. 우리는 이를 통해 인공지능의 특징들이 구현되는 구체적인 방식과 그들이 문화적으로 수용되는 방식 사이의 간극을 확인할 수 있다.

---

[13] 신상규, 「인공지능, 새로운 타자인가?」, 『철학과현실』, 2017 봄, 168~169쪽.

2장
인공지능과 자율주행차: 분류, 영향, 쟁점

자율주행은 그 자체로 데이터과학과 인공지능의 총화다. 자율주행이란 거칠게 말해 운전 상황에서 최적의 주행 방식을 선택하는 것이다. 최적 판단에서 결정적인 역할을 하는 두 가지는 데이터와 추론 체계이다. 최적 선택을 위한 자동차 주변 환경, 다른 차량의 운전 행태, 기상 상황 등에 관한 풍부하고 다양한 데이터가 필요한 것은 당연하다. 데이터를 수집하는 컴퓨터 모델이 발전할수록 양적·질적으로 향상된 데이터를 수집할 수 있다. 그러나 데이터와 변수의 양이 늘기 때문에 오히려 최적 판단이 저해되는 경우도 있다.

여기서 개입하는 것이 알고리즘, 또는 일반적으로 말해 인공지능이다. 이처럼 데이터와 인공지능은 자율주행에 필요한 최적의 주행 방식을 선택하는 데 서로 보완적인 관계에 있다.[14] 자

율주행차를 '도로를 누비는 인공지능' 또는 '달리는 인공지능'이라고 해도 큰 무리는 없을 것이다.[15]

세계의 각국의 기업들은 국가의 지원을 받아 앞다투어 자율주행차 개발에 뛰어들고 있다. 가히 '자율주행 전쟁self-driving war'이라고 할 만하다.[16] 그런데 우리는 정말 자율주행차에 대해 제대로 알고 있는 것일까? 자율주행차라고 하면 마치 인간이 전혀 조작하지 않고 알아서 쾌적하고 빠르게 인간을 실어 날라주는, 마치 SF 영화에서 보던 것과 같은 자동차를 상상하기 쉽지만, 그렇게 고도화된 기술만 자율주행차에 속하는 것은 아니다. 무엇보다 자율주행차는 한 가지가 아니라 자율주행의 수준에 따라 여러 단계로 나뉜다.

---

14 안드레아스 헤르만·발터 브레너·루퍼트 슈타들러, 『자율주행』, 한빛비즈, 장용원 옮김, 2019, 27쪽.

15 자율주행차를 개발할 동기는 충분하다. 많은 이들이 말하는 자율주행차의 강점은 안전이다. 실수와 부주의 등에 의해 사고를 일으키는 인간 운전자와는 달리 인공지능은 냉철하고 합리적인 방식으로 운전을 수행하기에, 인간이 운전할 때보다 사고율이 떨어지리라는 것이다. 또한 운전을 하지 않아도 된다면, 그 시간에 다른 일을 할 수도 있다. 즉 직접 운전하는 것보다 시간과 자원이 절감된다. 이처럼 자율주행차는 위험하고 소모적인 수동운전보다 더 안전하면서도 효율적인 이동 경험을 제공하는 것으로 묘사되며, 이때문에 자율주행하는 기존의 수동운전을 대체하여 모빌리티 산업을 혁신할 기술로 각광받고 있다.

16 한국의 경우도 예외가 아니다. 현대자동차는 2022년부터 3단계 자율주행차 출시를 목표로 하고 있으며, 2023년부터는 무인택시 서비스까지 개시할 계획을 갖고 있다. 자율주행차, 특히 3단계 자율주행차의 대량생산을 향한 경쟁은 갈수록 치열해질 것으로 예상된다.

1. 자율주행차란 무엇인가?

(1) 자율주행차의 분류: SAE 6단계

자율주행의 단계를 이해하는 것은 매우 중요하다. 왜냐하면 자율주행이 실제로 어떻게 정의되고 있는지를 상세하게 보여 주는 것이 바로 자율주행의 단계이기 때문이다. 자율주행의 단계는 미국도로교통안전청NHTSA이 0단계부터 4단계까지 5단계로 구분하면서 최초로 정의했으며, 이후 국제 SAE에서 초안과 수정안을 거쳐 0단계에서 5단계까지 6단계로 세분화된 내용을 정의하였고 이것이 현재 국제적으로 통용되고 있다. SAE 6단계는 현재 학계는 물론 개발 현장에서도 통용되는 공식적인 단계 구분으로, 자율주행을 이해하기 위한 핵심적인 정보들을 담고 있다.

- **0단계 비자동화(No Automation)**

  자율주행 체계가 없는 비자동화 단계로 운전자가 모든 면에서 차량을 완전히 제어해야 하는 단계다. 차량 운행의 주체는 인간 운전자이며, 주행에 대한 책임도 운전자에게 있다. 0단계에서 차량은 전방 추돌 방지, 후방 추돌 경고 등 센서를 통해 운전 상황을 알리는 정도의 보조적인 기능만을 한다.

- **1단계 운전자 보조(Driver Assistance)**

  운전자 보조 단계로 방향, 속도 제어 등 특정 기능은 자동화가 되어 있지만 운전자가 차의 속도와 방향을 항상 통제해야 한다. 주행 조작에 조금씩 보조를 하는 기능들, 예컨대 크루즈 콘트롤Cruise Control, 차선 이탈 경보장치, 긴급 제동장치 등이 달린 차량은 1단계로 분류한다.

■ 2단계 부분 자동화(Partial Automation)

고속도로와 같은 정해진 조건에서 차선과 간격 유지는 가능한 단계다. 방향 제어 장치와 함께 가속, 감속까지 체계가 제어할 수 있다는 점에서 1단계 운전자 보조와 차별화된다. 차량이 스스로 차선을 벗어나지 않도록 방향을 통제하고 앞차나 옆 차와의 간격 등을 계산하며, 스스로 가속과 감속을 할 수 있다. 그럼에도 운전을 하는 것은 어디까지나 운전자. 항상 운전 상황을 주시하고 적극적으로 주행에 개입해야 한다.

■ 3단계 조건부 자동화(Conditional Automation)

주행 시 모니터링과 차량의 통제권 대부분이 운전자에서 자동차에 탑재된 인공지능인 자동주행체계Automated Driving System, ADS로 넘어가며, 그만큼 운전자의 부담이 줄어들게 된다.

3단계는 조건부 자동화로, 제한된 특정한 조건 안에서 자율주행이 가능하다. 3단계에서는 차량이 스스로 장애물을 우회하거나 도로 상황을 파악하여 최적 경로로 주행하기도 한다. 중요한 점은 자율주행의 한계 조건에 도달하면 운전자가 ADS로부터 차량 통제권을 다시 넘겨받아야 한다는 것이다. 따라서 운전자는 언제나 주행 상황을 주시하고 있어야 하며, 언제든 차량의 통제권을 이양받을 준비를 하고 있어야 한다.

- **4단계 고도 자동화(High Automation)**

이 단계부터는 주행 시 모니터링과 차량의 통제권 전부가 운전자에서 ADS로 넘어간다. 또한 도심이나 골목길, 커브 등 대부분의 상황에서 자율주행이 가능하다. 이 경우 주행의 제어와 책임이 모두 ADS에 있으며, 돌발 상황이 예상되는 도로에서도 자율주행이 가능하다. 그러나 악천후를 포함한 일부 돌발적이거나 극단적 조건에서는 운전자의 개입이 요청될 수 있다. 따라서 주행 제어 장치가 필요하다.

- **5단계 완전 자동화(Full Automation)**

완전 자동화 단계로, 주행 시 운전자가 불필요하다. 목적지를 입력하면 자동차의 ADS가 모든 조건에서 주행을 담당하기 때문에, 5단계에 이르면 운전자를 위한 방향 제어 장치나 가속, 감속을 위한 장치들이 필요 없다. 탑승자만으로 목적지까지 주행이 가능하며 따라서 5단계는 무운전자Driverless 단계로 불리기도 한다.

SAE는 자율주행 6단계 분류의 최신 버전을 다음과 같은 도표로 정리했다.

(2) 자율주행차의 정의와 특징: SAE 6단계가 알려주는 것

SAE 단계별 규정은 상당히 일반적이며 따라서 다양한 해석이 가능하다. 이런 비특정성은 특히 진정한 의미의 자율주행이라

J3016™ LEVELS OF DRIVING AUTOMATION™

Learn more here: sae.org/standards/content/j3016_202104

Copyright © 2021 SAE International. The summary table may be freely copied and distributed AS-IS provided that SAE International is acknowledged as the source of the content.

	SAE LEVEL 0™	SAE LEVEL 1™	SAE LEVEL 2™	SAE LEVEL 3™	SAE LEVEL 4™	SAE LEVEL 5™
What does the human in the driver's seat have to do?	You **are driving** whenever these driver support features are engaged – even if your feet are off the pedals and you are not steering	You **are driving** whenever these driver support features are engaged – even if your feet are off the pedals and you are not steering	You **are driving** whenever these driver support features are engaged – even if your feet are off the pedals and you are not steering	You **are not driving** when these automated driving features are engaged – even if you are seated in "the driver's seat"	You **are not driving** when these automated driving features are engaged – even if you are seated in "the driver's seat"	You **are not driving** when these automated driving features are engaged – even if you are seated in "the driver's seat"
	You must constantly **supervise** these support features; you must steer, brake or accelerate as needed to maintain safety	You must constantly **supervise** these support features; you must steer, brake or accelerate as needed to maintain safety	You must constantly **supervise** these support features; you must steer, brake or accelerate as needed to maintain safety	When the feature requests, **you must drive**	These automated driving features will not require you to take over driving	These automated driving features will not require you to take over driving
	These are driver support features	**These are driver support features**	**These are driver support features**	**These are automated driving features**	**These are automated driving features**	**These are automated driving features**
What do these features do?	These features are limited to providing warnings and momentary assistance	These features provide steering **OR** brake/acceleration support to the driver	These features provide steering **AND** brake/acceleration support to the driver	These features can drive the vehicle under limited conditions and will not operate unless all required conditions are met	These features can drive the vehicle under limited conditions and will not operate unless all required conditions are met	This feature can drive the vehicle under all conditions
Example Features	• automatic emergency braking • blind spot warning • lane departure warning	• lane centering **OR** • adaptive cruise control	• lane centering **AND** • adaptive cruise control at the same time	• traffic jam chauffeur	• local driverless taxi • pedals/steering wheel may or may not be installed	• same as level 4, but feature can drive everywhere in all conditions

Copyright © 2021 SAE International.

표1. SAE의 자율주행 분류 6단계[17]

할 수 있는 3단계 이상에서 더욱 두드러진다. 가령 3단계 자율주행의 경우 특수한 주행상황에서 조건부로 차량 통제권이 차량의 인공지능으로 완전히 넘어간다고 규정되지만, 그 특수한 상황이 정확히 무엇인지에 대해서는 구체적으로 특정하고 있지 않다. 또한 4단계 자율주행차는 비상조치를 취할 기능을 필수적으로 탑재하고 있어야 한다. 그런데 어떤 조치가 적절한 것인가? 그리고 그런 기능이 있는지는 또 어떻게 검증할 것인가?

이런 비특정성은 기업들이 각각 일종의 '유권해석'을 통해 자율주행차를 개발하게 만드는 중요한 요인이 된다. 공식적이고 보편적으로 통용되는 단계 분류임에도 명확한 규정이 부재하기 때문에, 생산자들 각자가 알아서 해석하여 나름대로의 자율주행차를 개발하고 있는 것이다. 이는 이후 법적인 규제와 관리에서 지장을 초래할 가능성이 크다.

온갖 다양한 자율주행차가 이미 상용화된 상황에서 그들을 어떻게 규제할 것인가? 또한 어떤 규제가 도입된다면, 이미 출시된 차종들은 전부 소급 적용을 받아야 하는 것인가? 실질적인 규제와 관리가 시급한 현실을 고려할 때 SAE 분류는 보다 구체적으로 특정되어야 할 것이다.

SAE 단계 구분에서 엄밀히 말해 자율주행차라고 할 수 있는 것은 특수한 조건에서나마 주행에 대한 전권이 자동차의 ADS로 넘어가는 3단계 이상이다. 이 점에서 3단계는 최소 자율주행 Minimal Self-Driving이라고 할 수 있다. 0단계부터 2단계는 자율주

---

17 https://www.sae.org/blog/sae-j3016-update (최종검색일 2023.5.3.)

행과 무관하다. 0단계와 1단계는 말할 것도 없고, 2단계 운전자 보조의 단계도 운전자의 운전 부담과 피로를 덜어 주는 역할을 할 뿐, 자율주행이라고 할 수 없다. 0단계에서 2단계까지 운전을 하는 것은 전적으로 운전자이다. 2단계에서도 운전자는 운전대에서 손을 떼면 안 된다.

이와는 달리 3단계부터는 주행에 관한 모든 것이 ADS로 넘어가며, 따라서 이 경우 사고를 포함한 주행과 관련된 모든 책임은 ADS에게 있게 된다. 반면 0단계에서 2단계까지는 책임이 1차적으로 운전자에게 있다.

또한 3단계와 4단계는 유사하지만 두 가지 측면에서 구분된다. 우선 3단계와 4단계 모두에서 특정한 상황에서 ADS에 차량 통제권이 넘어간다. 그러나 ADS가 감당하기 힘든 상황이 오면 인간에게 통제권이 넘어가는 제어권 전환Takeover이 일어난다. 제어권 전환이 제대로 되지 않을 경우 비상조치를 취하게 되어 있다. 3단계와 4단계 모두에서 인간의 개입이 요청되는 것이다.

차이는 2단계에서는 주행과 관련된 대부분의 제어행위가 ADS로 넘어가지만 3, 4단계에서는 모든 제어행위가 ADS로 넘어간다는 점이다. 3, 4단계는 자율주행 기능을 사용할 수 있는 상황에서도 차이가 난다. 3단계는 자율주행 기능을 사용할 수 있는 상황이 상대적으로 제약되어 있는 반면 4단계는 거의 모든 상황에서 자율주행 기능을 사용할 수 있다. 또한 3단계의 경우 자율주행 기능 사용 중에도 운전자는 항상 주행 상황에 주의를 기울여야 하지만 4단계에서는 그럴 필요가 없다. 단지 제어권 전환에 대응할 수 있을 정도의 주의만 기울이고 있으면 된다.

SAE 6단계는 자율주행이 현실에서 어떻게 정의되고 있는지 보여 준다. 3단계 이상의 자율주행에서 확인할 수 있듯이, 자율주행차가 되기 위한 최소 요건은 특수한 상황에 한하여 대부분의 주행 제어 행위가 ADS로 넘어가야 한다는 것이다. 0단계에서 2단계까지는 어떤 상황에서도 주행 제어 행위 자체가 ADS로 넘어가지 않는다. 차량은 일부 기능을 제공함으로써 운전자의 피로와 부담을 줄여 주는 보조적인 역할을 할 뿐, 운전을 하는 것은 어디까지나 운전자다. 자율주행차가 되려면 운전자가 아니라 차량의 인공지능, 즉 ADS가 운전을 해야 한다. ADS가 제한된 상황에서나마 직접 '운전대를 잡아야' 하는 것이다.

통상 자율주행차라고 하면 일견 SF영화에 나오는 것과 같은 완전자율주행차를 상상한다. 운전자 없이 인간은 탑승만 하면 되는 5단계 자율주행차가 암묵적으로 자율주행차 전체를 대표하고 있는 것이다. 그러나 SAE의 6단계는 그런 자율주행차만 있는 것이 아니라는 사실을 보여 준다. 3, 4단계 자율주행의 경우 정의상 인간의 조건부 개입이 필수다. ADS가 대응하기 어려운 돌발적이고 극단적인 주행 상황에서 제어권 전환이 일어날 경우, 운전자는 신속하게 제어권을 넘겨받아 수동운전으로 전환해야 한다. 이 점에서 3단계와 4단계 자율주행의 경우에는 자율주행차임에도 불구하고 인간과 인공지능의 협력을 요구한다고 할 수 있다. 자율주행차도 인간의 관리와 도움이 필요한 것이다.

2. 자율주행차, 어떻게 만들어지고 쓰이는가?

(1) 자율주행차의 영향: 오토파일럿이 남긴 것

SAE 6단계는 자율주행의 특징들을 규정하고 있지만, 자율주행이 정의되는 방식과 그것이 실제로 개발되고 소비되는 방식은 다를 수 있다. 자율주행차는 실제로 어떻게 개발되고 있는 것일까?

이 절에서는 테슬라의 자율주행기능인 오토파일럿을 사례로 자율주행이 실제로 어떻게 만들어지고 소비되고 있는지 살펴보고자 한다. 현재 대중적인 인지도는 물론 업계에서의 영향력이 막강한 자율주행차 개발 기업이 테슬라이기 때문이다.

테슬라의 설명을 보면, 오토파일럿은 주변 차량의 속도에 맞춰서 속도를 조절하는 교통상황 감지 크루즈콘트롤Traffic-Aware Cruise Control, TACC 기능과 운전대 차선이 분명한 도로에서 운전대 조작을 보조하는 오토스티어Autosteer 기능으로 구성된다. 여기에 고속도로에서의 차선 변경이나 신호 조작 등을 보조하는 내비게이션 기능과 자동 차선 변경 기능, 자동 주차와 앱을 통해 차를 불러낼 수 있는 자동 호출Auto Summon 기능을 추가한 것이 향상된 오토파일럿Enhanced Autopilot이다. 이 향상된 오토파일럿에 교통신호를 자동으로 감지해 속도를 조절하는 기능과 복잡한 도시에서의 오토스티어를 추가한 것이 소위 '완전자율주행Full Self-Driving, FSD'이다.

이 '완전자율주행'에 추가되는 기능 중 교통신호 감지 속도 조절 기능은 베타 테스트 수준이고, 도시주행 기능은 아직 구현되지 않았다. 중요한 것은 이들 중 어디에도 특수한 상황에서 운전대에서 손을 떼도 된다는 언급이 없다는 것이다. 오히려 오토파일럿, 향상된 오토파일럿, 완전자율주행 기능은 모두 "완전히 주의를 기울이고 있는, 운전대에 손을 올린 채 언제나 차량 통제를 넘겨받을 수 있는 운전자"가 사용하도록 명확하게 규정하고 있다. 완전자율주행의 경우에도 운전자의 "능동적 감독 Active Supervision"이 필수적으로 요구된다.

또한 오토파일럿부터 완전자율주행 기능에 이르기까지, 운전자는 반드시 운전대에 손을 올리고 있어야만 한다. 손을 뗄 경우 압력감지 기능에 의해 경고신호가 나오게 되어 있다. 모든 것을 고려할 때, 테슬라가 출시한 차종들은 사실상 SAE 분류상 2단계인 '운전자 보조'에 해당하는 것으로 봐야 한다.[18]

2021년에 테슬라의 누적 주행 데이터는 약 42억 마일에 달하는 것으로 집계되었다.[19] 테슬라의 팬들은 이와 같은 수십억 마일의 주행 빅데이터를 근거로 테슬라야말로 5단계 자율주행차를 최초로 달성할 수 있다고 주장한다. 그러나 다른 한편으로 테슬라의 모델들이 일으키는 사고는 오토파일럿의 안전성을 의심하게 한다. 몇 가지만 정리하면 다음과 같다.

2016년 5월 7일, 미국 플로리다에서 테슬라 전문 블로거 조슈아 브라운이 탄 모델 S가 오토파일럿 기능이 켜진 상태에서 트레일러 트럭과 충돌하여 탑승자가 사망한 사건이 발생했다.

---

[18] 이상의 모든 내용은 테슬라의 홈페이지 https://www.tesla.com/support/autopilot 에서 확인할 수 있다. (최종검색일 2023.5.3.)

[19] "Tesla Vehicle Deliveries and Autopilot Mileage Statistics." https://lexfridman.com/tesla-autopilot-miles-and-vehicles/ (최종검색일 2023.5.3.)

최초의 공식적인 오토파일럿 관련 사망 사건이다. 사고 당시 오토파일럿은 하늘과 트럭의 색을 혼동했으며, 브라운은 자동차 안에서 영화 〈해리포터〉를 시청한 것으로 밝혀졌다. 테슬라의 오토파일럿 초기 기술은 주행 보조장치 개발사인 모빌아이 Mobileye와 같이 개발한 것이었는데, 모빌아이는 이 사망사고로 인해 2016년 8월 테슬라와 결별한다. 사고를 조사했던 미국 고속도로 안전관리국 NHTSA은 2017년 1월 보고서를 통해 오토파일럿의 결함을 확인하지 못했으며, 사고는 운전자의 과실이라는 결론을 내린다.[20]

정지한 물체와 추돌한 사고도 있다. 2018년 3월 캘리포니아 마운틴뷰에서 오토파일럿을 사용 중이던 모델 X가 콘크리트로 바리케이드에 충돌하고 두 대의 자동차가 추가로 추돌하면서 운전자가 사망한다. 오토파일럿은 사고 6초 전부터 운전대에서 운전자의 손을 감지하지 못했으며, 운전자는 사고 당시 비디오 게임을 하고 있었던 것으로 밝혀졌다.[21] 이후 비슷한 상황에서 오토파일럿이 오작동할 수 있음이 증명되었고, 이후 테슬라는 이에 대응하기 위해 소프트웨어를 업데이트한다.

---

[20] Abrams, Rachel, & Annalyn Kurtz. "Joshua Brown, Who Died in Self-Driving Accident, Tested Limits of His Tesla." https://www.nytimes.com/2016/07/02/business/joshua-brown-technology-enthusiast-tested-the-limits-of-his-tesla.html "After Probing Tesla's Deadly Crash, Feds Say Yay to Self-Driving." https://www.wired.com/2017/01/probing-teslas-deadly-crash-feds-say-yay-self-driving/ (최종검색일 2023.5.5.)

[21] Kaji, Mina & Amanda Maile. "Distracted driver in fatal 2018 Tesla crash was playing video game: NTSB Probable cause of the accident was determined during a board meeting on Tuesday." https://abcnews.go.com/Politics/distracted-driver-fatal-2018-tesla-crash-playing-video/story?id=69207784 (최종검색일 2023.5.5.)

오토파일럿 모드의 테슬라 모델은 정차한 차량을 자주 들이받는다. 2018년 1월 미국 캘리포니아에서 모델 S가 고속도로 비상 도로에 정차한 소방차를 시속 80㎞ 속도로 들이받았으나 운전자는 무사했다. 사고 당시 모델 S는 충돌 0.5초 전에 충돌 경고음을 울렸지만 자동비상정지 시스템은 작동하지 않았으며, 운전자는 자신이 베이글을 먹으며 커피를 마시느라 운전에 집중하지 않았는지도 모르겠다고 진술했다.[22] 이때문에 NHTSA는 사고의 책임을 운전자 과실로 돌리면서도 동시에 오토파일럿이 운전자가 운전 중 다른 활동을 하도록 허용한 것도 잘못이라고 지적했다. 이 사건 이후 테슬라는 오토파일럿에 운전자가 운전대를 일정 시간 이상 잡지 않으면 경고음을 울리는 기능을 추가하였다. 이런 종류의 사고는 2020년 이후로도 계속된다.

테슬라의 오토파일럿 관련 사고에 대한 소송도 줄을 잇고 있다. 2021년 7월에는 테슬라 전기차 사고로 아들을 잃은 부모가 테슬라에 대해 소송을 제기했는데, 이들은 사고 당시 오토파일럿의 제동 기능이 제대로 작동하지 않았다고 주장했다.[23] 2022년 5월에는 오토파일럿 작동 중 아무 이유 없이 급작스럽게 제동이 걸리는 '팬텀 브레이킹Phantom Braking'에 대한 불만이 750

---

[22] "Tesla driver was seen gazing down during 2018 Southern California crash, reports say." https://www.washingtonpost.com/business/economy/tesla-driver-was-seen-gazing-down-during-2018-southern-california-crash-reports-say/2019/09/03/ff1fa6cc-ce68-11e9-8c1c-7c8ee785b855_story.html (최종검색일 2023.5.5.)

[23] Boudette, Neal E. "Tesla Says Autopilot Makes Its Cars Safer. Crash Victims Say It Kills." https://www.nytimes.com/2021/07/05/business/tesla-autopilot-lawsuits-safety.html (최종검색일 2023.5.5.)

건 이상 제기되어 NHTSA가 테슬라 측에 서면을 요청하기도 했으며, 같은 해 8월 미국 캘리포니아의 운전자들이 같은 이유로 테슬라에 집단소송을 제기했다.[24]

오토파일럿 탑재 차량의 사고가 잇따르자 NHTSA는 2022년 2월에 41만 6천 대의 차량에 대한 안전조사를 통해 FSD 베타 버전을 탑재한 테슬라 차량이 교차로 정지 신호에 대해 감속하면서 그대로 주행하는 롤링 스톱Rolling Stop 기능이 포함되어 있음을 지적했고, 해당 기능을 비활성화하도록 지시했다. 이에 따라 테슬라는 자사 차량 5만 4천여 대를 리콜한다.[25]

이 모든 사태에도 불구하고 테슬라는 오토파일럿에 결함이 있다는 혐의를 부정하거나 오히려 더욱 공격적인 마케팅을 시도했다. 일론 머스크는 일부 사고에 대해서 사고 당시 오토파일럿이 작동하고 있지 않았다고 주장하면서 오토파일럿과 사고의 관련을 부정했다. 그리고 테슬라는 매 분기별로 자체 통계 자료를 근거로 만든 안전 보고서를 내세우며 오토파일럿이 교통사고 횟수를 줄일 수 있다고 주장하고 있다.[26] 그러나 이 보고서의 신빙성에는 문제가 있다. 보고서에서는 테슬라의 오토파

---

[24] Siddiqui, Faiz & Jeremy Merrill. "Tesla 'phantom braking' issue is focus of federal safety probe after owners bombard government website with complaints." https://www.washingtonpost.com/technology/2022/02/17/tesla-phantom-braking/; Hals Tom, and Hyunjoo Jin. "Tesla hit with proposed class action over phantom braking issue." https://www.reuters.com/legal/tesla-hit-with-proposed-class-action-over-phantom-braking-issue-2022-08-29/ (최종검색일 2023.5.5.)

[25] Shepardson, David. "Tesla recalls 40,000 U.S. vehicles over potential loss of power steering assist." https://www.reuters.com/business/autos-transportation/tesla-recalls-40000-us-vehicles-over-potential-loss-power-steering-assist-2022-11-08/ (최종검색일 2023.5.5.)

일럿 데이터와 수동주행 및 전체 차량 데이터를 비교하고 있는데, 데이터가 얻어진 주행 환경과 이 수동주행이 이루어진 주행 환경이 전혀 다르기 때문이다. 오토파일럿 사용 데이터는 고속도로 주행 환경의 비중이 압도적인 데 비해 수동주행이나 전체 차량 데이터는 도심 주행 환경의 비중이 크다.

또한 머스크는 노르웨이에서 2022년 8월 열린 에너지 콘퍼런스 연설을 통해 올해 말까지 자율주행기술을 완성해 5단계 자율주행차를 판매하기 시작할 예정이라고 밝혔다.[27] 물론 머스크는 2020년 연말까지 100만 대의 로봇 무인택시를 운행할 것이라고 주장하는 등 이전부터 몇 년 뒤에 완전자율주행차가 등장한다는 선언을 수차례 반복해 왔기에 이런 주장은 신빙성이 떨어진다. 그는 이전에도 완전자율주행차가 출시되면 차량 소유주가 차량을 운전하지 않는 동안 자동호출 서비스를 활용하여 자신의 차량을 마치 무인택시처럼 운영할 수 있으리라는 전망을 제시한 바 있다. 그는 심지어 트위터를 통해 오토파일럿 중 가장 비싼 옵션인 FSD 소프트웨어의 가격을 25퍼센트 인상하겠다는 계획을 밝히기도 했다.[28]

---

[26] 테슬라 자동차 안전 보고서는 테슬라 사이트에 공개되어 있다. https://www.tesla.com/VehicleSafetyReport (최종검색일 2023.5.3.).

[27] 현기호, "테슬라 '오토파일럿' 잇단 사고, 자율주행 문제점은?", 『이코리아』, 2022년 8월 30일 기사, http://www.ekoreanews.co.kr/news/articleView.html?idxno=62507 (최종검색일 2023.5.3.).

[28] 인공지능의 위험에 대해 경고하면서 윤리와 규제의 필요성에 대해 말하면서도, 정작 자신이 보급한 달리는 인공지능이라고 할 수 있는 오토파일럿이 연루된 사고에 대해서는 극구 책임을 회피하는 일론 머스크의 행태는 윤리와 규제에 대한 그의 강조가 윤리 세척일지 모른다는 의심을 강화한다.

(2) 자율주행차의 쟁점들: 테슬라 오토파일럿에 대한 비판

오토파일럿의 사고가 계속되자, '오토파일럿'이라는 명칭이 마치 5단계에서나 기대할 법한 완전자율주행인 것처럼 소비자가 오해하게 할 소지가 있다는 비판이 제기되어 왔다. 이미 언론은 테슬라가 말하는 자율주행은 시기상조임을 계속 지적하고 있다. 2020년 독일 뮌헨고등법원은 '오토파일럿'이라는 용어가 소비자들에게 완전자율주행을 연상시키며 이는 2단계에 불과한 오토파일럿에 대한 과대광고라는 판결을 내린 바 있다.[29] (그러나 이 판결은 2022년 8월에 뒤집혀 최종적으로 테슬라가 승소하게 된다.)

한국의 소비자주권시민회의 역시 같은 해 7월에 선박이나 비행기의 자동항법을 의미하는 오토파일럿이라는 명칭이 자동차에 사용됨으로써 소비자들에게 자동차가 운전자의 개입 없이도 운행될 수 있다는 착각을 조장한다는 요지의 성명을 발표했다.[30] 캘리포니아주차량국DMV도 과대광고를 이유로 테슬라를 주행정청문국OAH에 고발한 바 있다.[31]

테슬라가 내세우는 명칭들은 테슬라가 전략적으로 고안한 것이라는 점에서 더욱 문제적이다. 자율주행 개발에 뛰어들던

---

[29] Ewing, Jack. "German Court Says Tesla Self-Driving Claims Are Misleading." https://www.nytimes.com/2020/07/14/business/tesla-autopilot-germany.html (최종검색일 2023.5.5.)

[30] 소비자주권시민회의, "테슬라 전기차의 오토파일럿이 자율주행이라는 과대 과장 광고를 즉각 중단하라! – 시험용 베타버전 판매하는 것은 소비자 안전 위협, 감독기관 조치 나서야." http://cucs.or.kr/?p=6233 (최종검색일 2023.5.5.)

[31] Huang, Kelly & Cade Metz. "California Regulator Accuses Tesla of Falsely Advertising Autopilot." https://www.nytimes.com/2022/08/05/business/tesla-california-dmv-complaint.html (최종검색일 2023.5.5.)

초기에 테슬라는 일반 대중 소비자에게는 자율주행차로 인식되면서도 여러 가지 법적이고 기술적인 문제를 피할 수 있는 제품명을 고민했다.[32] 오토파일럿이라는 명칭은 이런 고민의 산물이었다. 실제로 머스크는 2013년 『블룸버그』와의 인터뷰에서 "자율주행이란 단어보다 오토파일럿이란 단어를 더 좋아한다."라고 말했다.[33]

    같은 이유로 테슬라가 사용하고 있는 FSD, 즉 '완전자율주행'이라는 명칭도 혼란을 야기할 수 있다. 실제로는 운전자 보조에 해당하며 엄밀한 의미에서 자율주행이라고 할 수 없는 2단계에 대해 5단계에나 쓸 수 있는 '완전자율주행'이라는 이름을 붙이고 있기 때문이다. 앞서 살펴보았듯이 오토파일럿, 향상된 오토파일럿은 모두 운전자 보조 체계로 기술되기에 개념적으로 2단계에 해당할 뿐 3단계라고 할 수 없다.

    오토파일럿은 기능적으로도 자율주행차라고 볼 근거가 없다. 테슬라의 설명에 따르면 FSD 사용 시에도 운전자는 주의를 기울인 채 운전대를 잡고 있어야 한다. 이는 어떤 경우에도 차량 통제권이 운전자에게 있어야 한다는 것을 의미한다. 그렇다면 현재 테슬라가 출시했거나 출시한 모델들 중에 3단계 자율주행차에 해당하는 것은 존재하지 않는다고 해야 한다.

    현장의 엔지니어들도 이런 사실을 인정하고 있다. 테슬라의

---

[32] 에드워드 니더마이어, 이정란 옮김, 『루디크러스』, 빈티지하우스, 2021, 192~197쪽.

[33] Ohnsman, Alan. "Tesla CEO Talking With Google About 'Autopilot' Systems." https://www.bloomberg.com/news/articles/2013-05-07/tesla-ceo-talking-with-google-about-autopilot-systems (최종검색일 2023.5.3.)

FSD의 수준은 2단계나 2단계와 3단계 사이에 머무를 뿐이라는 것이다. 실제로 테슬라가 출시한 어떤 모델도 SAE로부터 3단계 인증을 받지 못했다.[34] 테슬라는 완전자율주행과는 한참 거리가 먼 2단계 운전자 보조체계에 '완전자율주행'이라는 명칭을 붙여 판매하고 있는 것이다.

안전성에 대한 비판도 계속되고 있다. 최근에는 오토파일럿이 어린이 보행자를 제대로 감지하지 못한다는 실험 결과가 나오고 있다. 미국항공우주국NASA의 오리온 승무원 탐사선의 운영체제를 만든 바 있는 소프트웨어 기업인 그린힐스소프트웨어의 CEO 댄 오다우드Dan O'Dowd는 사재를 털어 설립한 민간단체인 '여명Dawn 프로젝트'를 통해 오토파일럿의 안전성을 테스트하고 있다.[35] 테스트는 약 110m에 이르는 직선 도로에서 진행되었는데, 세 차례 실시한 테스트에서 FSD를 작동시킨 채 약 시속 40㎞로 주행하던 모델 3는 어린이 크기의 마네킹을 인식하지 못한 채 충돌했고, 어린이보호구역에서는 속도를 줄이지 않고 정지 표지판을 무시했다.

---

[34] 2023년 5월에 이르기까지 SAE로부터 3단계 인증을 받은 모델은 세계에 단 두 종이다. 하나는 혼다 모터스(Honda Motors)의 레전드(Legend)로 2021년에 한정판으로 시판되었다. 다른 하나는 메르세데스 벤츠(Mercedes Benz)의 S-클래스(S-class)와 EQS로 2022년 5월 독일에서, 이후 미국 네바다주에서 승인을 받는다. 이처럼 3단계 자율주행이 국제적 승인을 받은 경우는 매우 드물며 승인을 받더라도 해당 지역의 교통법에 따라 사용이 엄격하게 규제된다.

[35] De Vynck, Gerrit. "The tech CEO spending millions to stop Elon Musk." https://www.washingtonpost.com/technology/2022/11/13/dan-odowd-challenges-tesla-musk/ (최종검색일 2023.5.3.) 오다우드가 공개한 영상은 유튜브에서 쉽게 찾아볼 수 있다. 예를 들어 https://www.youtube.com/watch?v=nHIgawTRCv8 참조. (최종검색일 2023.5.3.)

오다우드는 테슬라의 모델들이 어린이에게 위험하지 않다는 점을 증명하기 전까지는 오토파일럿 사용을 금지해야 한다고 주장하면서 미국 전역에 FSD 기능의 위험성을 알리는 광고를 내보내고 있다. 그의 진술에 따르면 영상을 찍기 위해 자신이 타고 있던 모델 3가 중앙선을 넘어 반대 차선에서 달려오고 있는 차와 충돌할 뻔한 경우도 있었다고 한다.

테슬라의 오토파일럿은 현실에서 어떻게 자율주행차들이 개발되고 소비되고 있는지 구체적으로 보여 준다. SAE 6단계는 자율주행차가 무엇이어야 하는지 알려주지만, 실제로 자율주행차가 만들어지고 사용되는 방식은 그와는 사뭇 다르다. 테슬라의 오토파일럿은 최소 자율주행이라고 할 수 있는 3단계도 아닌 2단계에 머무르면서 안전성 논란에서 벗어나지 못하는 모습을 보여 주고 있다. 현실에서 인공지능이 개발되어 상용화되는 과정이 그리 단순하지 않은 것이다.

3장
인공지능과 기술문화: 소망사고 또는 문화추월

앞서 현재의 인공지능이 자율적 행위자, 기술-윤리-산업 복합체, 새로운 타자로서 등장하고 있다고 했다. 그렇다면 테슬라 오토파일럿도 이러한 특징들을 보여 주고 있을 것이다. 이 절에서는 인공지능의 특징들이 오토파일럿을 둘러싼 상황 속에서 어떻게 나타나는지 알아볼 것이다. 이를 통해 오토파일럿은 인공지능의 특성들을 드러내고 있지만, 그럼에도 불구하고 오토파일럿을 생산하는 쪽과 소비하는 쪽 모두 그런 특성들을 충분히 인식하지는 못하고 있다는 사실이 드러난다. 인공지능을 만드는 사람도 쓰는 사람도, 인공지능이 무엇이며 무엇이어야 하는지를 알지 못하거나 오해하고 있는 것이다.

기술이 실제로 어떻게 작동하는지와 기술이 어떻게 인식되고 받아들여지는지는 별개의 문제다. 후자는 사회의 전반적인 기술에 대한 이해와 소비 양상에 관한 것으로, 과학이나 기술보다는 문화현상에 속한다. 과학의 내용과 과학문화Science Culture를 구별할 수 있듯이, 기술 그 자체와 기술문화Technology Culture를 구별할 수 있을 것이다. 자율주행차의 생산자와 소비자 모두 그것을 오해하고 있는 현 상황은 인공지능과 그것을 수용하는 기술문화, 즉 인공지능 문화AI Culture 사이에 모종의 간극이 있음을 시사한다.

1. 인공지능으로서의 자율주행차

오토파일럿의 안전성 논란은 자율적 행위자로서의 인공지능의 특성을 뚜렷하게 보여 준다. 물론 오토파일럿은 공식적으로는 2단계이므로 차량을 통제할 기본적인 책임은 운전자에게 있다고 할 수 있다. 그러나 소송이 제기된 사례들은 인간이 운전대를 잡고 주의를 기울이고 있는 상황에서조차 오토파일럿이 엉뚱하게 작동할 가능성이 없지 않다는 점을 보여 준다.

정도의 차이는 있을지라도, 기본적으로 인공지능이 탑재된 인공물의 작동은 완전한 수준의 예측과 통제가 어렵다. 대부분의 단순한 일상적 사물조차도 예측과 통제가 어려운데, 운전을 위해 인공지능이 적용된 차량이 얼마나 예측과 통제가 어려울지는 불 보듯 뻔한 일이다.

안전성 논란을 일으키는 사례들을 오토파일럿의 '실수'라고 볼 수도 없는데, 왜냐하면 오토파일럿은 어떤 의도나 욕구를 가지고 있지 않기 때문이다. 실수라는 개념은 오직 목적의식이나 의도를 가진 존재가 그것을 성취하려 시도하다가 실패하는 경우에만 적용할 수 있는 개념인데, 오토파일럿에게는 그런 정신적인 목적이나 의도가 없다. 이 점에서 오토파일럿은 앞서 말한 얇은 행위자의 특성을 그대로 보여 준다.

한편으로 인간의 완전한 예측과 통제가 어려운 일을 실제로 수행한다는 점에서 상대적으로 오토파일럿은 자율적으로 행위한다고 할 수 있다. 다른 한편으로 그것은 인간의 행위에 전제되는 정신적 의도나 욕구가 없다는 점에서 얇다. 오토파일럿은 자율적 행위자로서 인공지능의 특성을 보여 주고 있는 것이다.

오토파일럿의 안전성을 둘러싸고 벌어진 일들은 자율주행차의 개발에서 기술, 윤리, 산업이 어떻게 복잡하게 얽혀 있는지 보여 준다. 테슬라는 어떤 경우에는 사고의 책임을 부인하면서 안전성을 강조하지만, 또한 사고에 대해 책임을 지고 수만 대에 이르는 차량을 리콜하기도 한다. 또한 던 프로젝트의 실험과 판매 반대 운동이 보여 주듯이, 오토파일럿에 대한 윤리적 고려는 테슬라의 경영과 이익에 직접적으로 영향을 미치고 있다. 나아가 최근에는 이런 복잡한 윤리적 문제가 얽혀 있음을 인지한 일부 자동차 회사들이 아예 3단계 자율주행차 개발을 주저하고 있기도 하다.[36]

오토파일럿의 안전성 논란에 대한 반응들은 기술이 얼마나

---

[36] 3, 4단계의 제어권 전환과 관련된 복잡한 윤리적 문제에 대해서는 문규민, 「윤리적 문제로서의 제어권 전환: 3단계 자율주행차와 협응의 규범」, 『철학 사상 문화』, 2022, 25~45쪽 참조.

안전한지, 즉 그것이 얼마나 윤리적인지가 결과적으로 판매에 영향을 준다는 것을 분명하게 보여 준다. 구체적인 삶과는 동떨어진 영역에서 제한적으로 쓰이는 첨단 기술의 경우에는 이런 일이 벌어지지 않을 수도 있다. 그러나 인공지능은 이미 삶에 필수적인 영역 대부분에 광범위하게 적용되어 있고, 이동은 삶에서 필수적인 분야 중 하나다. 이동하려면 어쨌든 자동차를 타지 않을 수 없다. 잘못되면 인명과 재산에 큰 피해를 가져올 수 있기에 오토파일럿은 윤리적인 방식으로 운행되어야만 하는 것이다. 오토파일럿의 안전성 논란은 그것이 윤리적인지의 문제가 기업의 이윤과 시장의 향방까지 좌우할 수 있는 중요한 문제임을, 즉 그것이 기술-윤리-산업 복합체임을 드러내고 있다.

오토파일럿의 안전성 논란에서 새로운 타자로서의 인공지능의 모습은 분명하게 드러나지 않는다. 오토파일럿의 도덕적 지위를 어떻게 생각할 것인지가 아직은 문제가 되고 있지 않은 것이다.

여기에는 크게 두 가지 이유가 있는 것으로 보인다. 첫째는 오토파일럿이 설사 다소간 자율적으로 작동하더라도, 아직은 그 자율성을 관리할 책임이 생산자 측에 있다는 인식이 지배적이라는 점이다. 오토파일럿이 예측과 통제를 벗어나 위험한 방식으로 작동한다면 그것은 1차적으로 '생산자 책임'이라는 것이다. 아직은 오토파일럿을 행위자로 인정하고 있지 않은 것이다.

또 다른 이유는 오토파일럿이 2단계 운전자 보조체계이기 때문에, 운전에서 일어난 일에 대한 책임이 기본적으로 운전자에게 귀속된다는 데 있다. SAE 단계 구분과 테슬라의 설명에 따르면, 오토파일럿의 경우 차량의 통제권은 인간에게 있다. 2단계의 경우 정의상 운전을 하는 것이 인간 운전자이기 때문에, 사고가 일어나면 기본적으로 '운전자 책임'이 된다. 실제로 테슬라는 사고에 대해 운전자가 오토파일럿 사용과 관련된 지시를 무시하고 제대로 사용하지 않았다는 점을 들어서 오토파일럿의 결함 때문이 아니라고 주장했고, 관련 소송에서 승소했다.[37]

이처럼 오토파일럿의 경우 사고의 책임은 생산자 아니면 운전자로 귀속되는 경향이 강하다. 사고가 일어나더라도 자율적 행위자로 인정되지도 않고, 사고가 일어난 경우에도 책임 소재가 운전자나 또는 생산자 측으로 전가되기 때문에 오토파일럿 자체의 도덕적 지위는 거의 주목받지 않는 것이다.

---

[37] Roy, Abhirup., Dan Levine, & Hyunjoo Jin. "Tesla wins bellwether trial over Autopilot car crash." https://www.reuters.com/legal/us-jury-set-decide-test-case-tesla-autopilot-crash-2023-04-21/ (최종검색일 2023.5.3.)

2. 인공지능문화와 소망사고

문제는 테슬라의 모델들이 인공지능의 특성들을 그대로 보여주고 있음에도 불구하고, 생산자와 소비자 모두 이를 제대로 인식하고 있지 못하고 있다는 점이다. 테슬라는 "완전자율주행"이라는 오해하기 쉬운 명칭을 붙이고 홍보를 계속하고 있으며, 최근에는 5단계 완전자율주행을 만들겠다는 선언과 번복을 반복하면서 자신이 자율주행 산업을 주도하는 듯한 이미지를 만들어 왔다. 그러나 오토파일럿의 안전성 논란으로부터 알 수 있듯이 완전한 예측과 통제가 불가능하다는 의미의 자율성은 그 자체로 위험 요소일 수 있다. 그럼에도 사고에 대한 테슬라의 대응에서 이런 자율성의 본질적 위험에 대한 고려는 찾기 힘들다.

이는 오토파일럿의 소비자들도 마찬가지다. 오토파일럿이 일으킨 상당수의 사고에서, 운전자들은 항상 충분한 주의를 기울이지 않거나 2단계에 해당하는 지시사항을 지키지 않았다. 오토파일럿이 출시되었을 때부터 테슬라의 팬들 사이에서는 오토파일럿을 켜 두고 운전대에서 손을 놓거나 심지어 잠을 자는 영상들이 공유되었다. 최근에도 미국에서 남자 운전자 네 명이 FSD를 켜 둔 채 운전석을 아예 비워 버리고 뒷좌석에서 술파티를 즐기는 영상을 틱톡에 올려 물의를 빚은 일이 있다.[38] 만

---

[38] 윤솔, "테슬라 '자율주행'에 운전 맡기고 술파티…美 청년들 여론 '뭇매'", 조선비즈, 2020.9.14., https://biz.chosun.com/site/data/html_dir/2020/09/14/2020091402464.html (최종검색일 2023.5.3.) 이 사건 이후에도 미국에서는 '자율주행 음주운전'이 계속 적발되고 있다.

약 그들이 인공지능이 자율적 행위자이며 따라서 언제나 다소간 인간의 예측과 통제를 벗어날 수밖에 없음을 분명히 인지했더라면, 2단계에 불과한 테슬라의 오토파일럿을 마치 5단계 완전자율주행차처럼 취급하면서 위험한 행동을 하지는 않았을 것이다.

이런 상황에는 인공지능의 자율성에 대한 암묵적이며 양가적인 기대에 근거한 일종의 소망사고Wishful Thinking가 작동하고 있는 것으로 보인다. 인공지능에 대한 기대는 양가적이다. 인공지능이 인간에게 충분히 편리할 정도로 자율적이되, 인간에게 위험이 될 정도로 자율적이지는 않기를 바라는 것이다. 이런 기대는 인공지능이 실제로 그럴 수 있다는 믿음을 갖게 만든다. 인공지능이 인간에게 편리할 정도로 자율적이기를 기대하고 그럴 수 있다고 믿기 때문에 그에 부응하는 기능들은 주목을 받고 활발히 논의되지만, 그것이 인간에게 위험할 정도로 자율적이지는 않기를 기대하고 또 그렇게 믿기 때문에 완전한 예측과 통제의 불가능성은 큰 주목을 받지 못한 채 외면당하는 것이다.

그러나 인공지능의 자율성이 인간의 완전한 예측과 통제가 어렵다는 의미의 상대적 자율성이라는 점을 고려한다면, 이런 식의 양가적 기대는 근본적으로 충족될 수 없으며 소망사고는 그저 소망사고일 뿐임을 인정해야 할 것이다. 인간에게 편리를 제공하는 바로 그 자율성이 동시에 인간에 의한 완전한 예측과 통제를 불가능하게 만들기 때문이다. 이런 의미에서 오토파일럿을 생산하는 테슬라와 오토파일럿의 소비자는 모두 자신의 소망사고 때문에 인공지능의 자율성을 제대로 직시하지 못하고 있다고 할 수 있다.

그렇다면 그들은 인공지능이 기술-윤리-산업 복합체임을 이해하고 있을까? 그렇지도 않은 것 같다. 테슬라가 정말 윤리적 고려를 반영한 기술만이 팔릴 수 있었다는 것을 인식하고 있었더라면, 더욱 철저한 안전 검증을 거친 뒤에 오토파일럿을 출시했을 것이다. 나아가 착각과 오해를 불러일으킬 수 있는 "완전자율주행"이라는 명칭을 사용하지 않았을 것이며, 3단계 자율주행차가 아니라 2단계 운전자 보조체계 또한 명시적으로 강조했을 것이다. 그러나 안전성에 대한 논란이 일어나고 있는 현재의 상황은 테슬라가 오토파일럿을 개발할 때 검증을 충분히 하지 않았다는 점을 방증하고 있다. 적어도 공적으로 알려진 행태를 볼 때 테슬라는 이런 부분에 소홀했으며, 이는 테슬라가 기술-윤리-산업 복합체로서의 인공지능의 특징을 충분히 고려하지 않았음을 암시한다. 테슬라가 개발한 것은 이동과 결합한 인공지능으로서 삶에 직접적이고 큰 영향을 끼침에도 불구하고 인공지능은 그런 영향력에 걸맞은 윤리를 담보하지 못했으며, 꼭 요구되는 윤리가 인공지능을 통해 구현되지도 못했다.

위험천만한 행동으로 사고를 일으킨 소비자들도 테슬라의 모델들이 정말로 안전한지, 또는 윤리적 고려를 충분히 반영했는지의 여부보다는 오히려 첨단의 자율주행 기능을 경험하는 데 더 몰두했다. 기술이 제대로 윤리적으로 설계되었는지가 아니라 얼마나 '멋지고 대단한지'에 더 관심이 있었던 것이다.

오토파일럿의 생산자도 소비자도, 기술과 윤리의 얽힘을 제대로 인식하지 못한 것으로 보인다. 테슬라가 윤리적 고려가 충분히 반영되지 않은 기술은 팔리지 않거나 설사 팔리더라도 금방 문제가 발생한다는 점을 간과했다면, 테슬라의 소비자는 윤리적 고려를 건너뛰고, 즉 기술이 윤리를 구현해야 한다는 점을 간과한 채 기술을 향유하는 데 집중한 것이다.

새로운 타자로서의 인공지능에 대해서도 마찬가지다. 테슬라는 사고의 책임을 회피하는 데 급급하여 사고의 원인이 오토파일럿의 오작동이 아니라거나 운전자의 과실이라고 주장하고 있다. 하지만 운전자의 과실이 불분명한 경우도 존재한다. 문제는 이런 경우 오토파일럿의 오작동이 아니라고 해서 자동적으로 운전자의 과실이 증명되는 것은 아니라는 것이다. 비록 기본적인 차량의 통제가 운전자에게 맡겨져 있는 운전자 보조체계라고 해도, 이 경우 책임 귀속은 어떻게 되어야 할까? 누구에게도 책임이 없는, 그저 원인을 알 수 없는 불행한 사고라고 치부해야 하는 것일까?

운전자에게 책임을 귀속하기 어려운 만큼, 생산자인 테슬라 쪽에 책임을 묻는 것도 단순한 일이 아니다. 아무리 운전자 보조 체계라고 해도 상대적 자율성을 가진 인공지능이 적용된 이상 인간의 완전한 예측과 통제가 어렵다는 점을 인정해야 하며, 완전한 예측과 통제가 가능하지 않은 사안에 대해 책임을 묻는 것은 문제가 있어 보이기 때문이다.

테슬라는 그런 사고는 예측과 통제가 불가능한 일이라는 점을 증명함으로써 자신들의 책임을 회피할 수도 있을 것이다. 이는 인공지능의 자율성이 그것을 설계하고 개발한 인간조차도 모든 것을 예측하고 통제할 수는 없는 상대적 자율성이기에 일어나는 특수한 난제다. 그러나 현재로서는 이러한 복잡하고 곤

란한 책임 귀속 문제에 대한 고민은 테슬라와 테슬라의 소비자 모두에게서 찾기 힘들다. 그저 법적인 절차와 대응만이 계속되고 있을 뿐이다. 이런 상황은 생산자와 소비자 모두, 인공지능이 특수한 윤리적 고려를 요청하는 타자라는 사실에 대한 이해가 부재함을 보여 준다.

앞서 인공지능은 윤리-기술-산업 복합체이며 따라서 윤리적으로 세심한 고려를 결여한 인공지능은 생산과 판매에도 지장이 있을 수 있다고 했지만, 오토파일럿과 관련된 논란은 이러한 윤리적 고려도 당장의 소망사고 앞에서는 무력해질 수 있다는 사실을 보여 준다. 현재 인공지능의 영향력을 감안하면, 그 고유성에 대한 이해가 공유되어야 하고, 그러한 이해에 근거하여 사회적 논의가 이루어져야 한다. 그럼에도 정작 이미 상용화된 인공지능이라고 할 수 있는 오토파일럿, 나아가 자율주행에 대해서는 기술에 대한 예찬이나 막연한 낙관적 담론만을 찾을 수 있을 뿐이다. 정작 필요한 윤리적 문제에 대한 논의는 아직도 일반론이나 문제 제기 수준을 넘어서지 못하고 있는 실정이다. 이런 경향의 배후에는 자율주행차가 자율적이지만 위험할 정도로 자율적이지는 않기를 바라는 강렬한 소망이 깔려 있는 것으로 보인다. 인공지능의 자율적 행위성이 주는 편의와 효율은 누리고 싶으면서도 그러한 편의와 효율에 필연적으로 뒤따르는 윤리적인 고려와 논의는 회피하고 싶은 양가적 기대는 이러한 소망을 더욱 부추기고, 결국 실제로 그러할 것이라는 소망사고를 조장한다.

인공지능의 자율성에 대한 소망사고는 오토파일럿을 생산하는 쪽에서는 오토파일럿의 위험과 자신들의 책임을 부정하는 방식으로, 오토파일럿을 소비하는 쪽에서는 마치 오토파일럿이 위험이 없다는 듯 행동하는 방식으로 나타난다. 자율주행차의 생산자와 소비자 모두가 소망사고에 근거하여 행동한다는 사실은 인공지능문화가 소망사고에 취약할 수 있다는 사실을 보여 준다.

3. 인공지능문화와 문화추월

테슬라 오토파일럿의 사례에 대한 분석을 통해 알 수 있는 것은 현실의 인공지능과 관련하여 기술과 기술문화 사이에 간극이 존재한다는 사실이다. 인공지능이라는 실제 기술과 인공지능을 받아들이는 문화가 잘 부합하지 않는 것이다. 이런 불일치에는 인공지능이 곧 인간의 편의와 목적에 완벽하게 부합하는 방식으로 활용되리라는 기대와, 그러한 기술만능주의적·미래주의적 기대에 뿌리내린 소망사고가 작용하고 있는 것으로 보인다.

이런 소망사고는 인공지능을 과소평가해서가 아니라 오히려 과대평가해서 일어난다. 만드는 사람도 쓰는 사람도, 인공지능이 무엇이며 무엇이어야 하는지를 정확히 알지 못하거나 오해하고 있는 것이다. 오토파일럿과 관련된 사고와 소비자의 반응은 기술의 고유한 특성에 대한 이해가 부재한 상황에서 기술에 대한 기대가 기술을 앞지를 경우 어떤 일이 일어날 수 있는지 보여 준다.

기술의 변화와 기술문화가 부합하지 않는다는 점에서 이러한 현실은 문화지체처럼 보이기도 한다. 그러나 현실의 자율주행차가 보여 주는 상황은 일반적인 문화지체와는 다르다. 통상 문화지체는 기술과 같은 물질적인 문화와 그에 상응하는 정신적인 문화의 발전 속도의 차이 때문에 발생한다. 기술문화가 앞서 나가는 기술을 따라잡지 못한 채 이전의 구식 문화에 머무르면서 혼란을 일으키는 현상이 문화지체인 것이다. 차량의 수가 폭증하고 교통상황이 변했음에도 불구하고 여전히 이전과 같은 방식으로 운전을 하거나, 현대의학이 보급된 이후에도 여전히 검증되지 않는 민간요법에 주로 의존하는 것 등이 문화지체의 사례라고 할 수 있다.

그런데 오토파일럿이 보여 주는 것은 이와는 정반대다. 기술문화가 기술을 따라잡지 못하기 때문이 아니라, 오히려 지나치게 앞지르기 때문에 문제가 일어나는 것이다. 기술은 2단계 운전자 보조에 머물러 있지만, 오토파일럿을 생산하는 쪽과 소비하는 쪽 모두 그보다 훨씬 앞선 5단계 완전자율주행처럼 오토파일럿을 받아들이고 있기 때문이다. 기술이 문화를 앞지르고 문화가 기술에 뒤처지는 통상적인 문화지체와는 정반대로, 이 경우에는 문화가 기술을 앞지르고 기술이 문화를 따라잡지 못하고 있다. 자율주행차에 거는 기대와 투사되는 욕망이 자율주행기술의 발전 수준을 훨씬 앞지르면서 아직 없는 기술을 마치 이미 있는 기술처럼 인식하고 사용하는 현상이 벌어지고 있는 것이다. 즉 자율주행에서는 문화지체에서 보이는 기술과 문화의 순서가 뒤집혀 있다. 일종의 뒤집힌 문화지체, 또는 문화추월이 일어나고 있는 것이다.

오토파일럿의 사례는 인공지능문화에서 문화추월이 일어날 수 있는 방식을 보여 준다. 문화추월은 인공지능의 생산자 입장에서 의도적으로 유도될 수 있다. 인공지능 관련 서비스와 제품을 통해 이윤을 얻는 기업이 기술에 대한 과도한 인식을 부추기는 문화적 분위기를 간접적으로 조장할 수 있는 것이다. 오토파일럿이라는 명칭, 그리고 완전자율주행이라는 명칭이 판매를 위해 철저히 의도된 것이라는 사실은, 인공지능의 실제 수준을 앞지르는 인공지능에 대한 문화적 기대가 의도적으로 촉진될 수 있다는 사실을 보여 준다. 오토파일럿에 대한 열광Hype은 오토파일럿이나 완전자율주행 같은 명칭에 의해 조장된 측면이 다분하다. 자율주행과 관련된 문화추월이 만약 존재한다면, 그것은 기술에 대한 자연스러운 욕망에 의해 일어난 것은 아닐 것이다.

문화추월은 소비자 쪽에서도 일어날 수 있다. 테슬라는 완전자율주행에 대해 운전자의 책임을 명시하고 있지만, 오토파일럿의 일부 소비자들은 위험하고 무책임한 주행을 시도하면서 사고를 자초하기도 했다. 지금도 유튜브에는 오토파일럿 상태에서 운전대에서 손을 놓고 운전하면 어떤 일이 일어나는지를 실험해 보는 동영상들이 넘쳐 난다. 그래서는 안 된다는 것을 뻔히 알면서도, 자율주행에 대한 기대나 소망이 너무 큰 나머지 위험한 방식으로 오토파일럿을 사용하는 것이다.

오토파일럿에 대한 기대가 실제의 기술 수준을 앞지르는 이러한 현상은 인공지능 전반에 대해서도 일어날 수 있다. 문화로서의 인공지능이 기술로서의 인공지능을 앞지르는 것이다.

중요한 사실은 소망사고와 문화추월이 맞물려 서로를 강화하고 있으며, 이러한 상호강화가 자율주행차를 만드는 입장에게서 전략적으로 활용될 수 있다는 점이다. 테슬라 오토파일럿을 둘러싼 상황은 이를 잘 보여 준다.

앞서 오토파일럿이라는 서비스명이 머스크에 의해 다분히 전략적으로 고안된 명칭이라는 점을 보았다. 이러한 명칭은 서비스에 대한 소비자의 판단을 흐릴 공산이 크며, 현재 오토파일럿이 연루된 수많은 사고와 소송은 지금 현실에서 자율주행차로 인식되고 있는 차량들의 안전성을 의심하게 한다. 그럼에도 테슬라는 이런 위험을 적극적으로 나서서 알리지 않으며, 그저 방어적인 태도로 일관하면서 오토파일럿이나 완전자율주행이라는 명칭을 포기하지 않으려 하고 있다. 명칭이 시사하는 편리한 자율주행이라는 이미지를 취하면서도 그 기술의 불완전성에서 비롯되는 위험은 애써 부정하고자 하는 것이다.

이러한 대응은 사실상 오토파일럿이 편리하면서 동시에 안전하다는 소망사고를 간접적으로 유지, 또는 조장한다. 그리고 이렇게 조장된 소망사고는 부지불식간에 문화추월 현상을 부추긴다. 실제로 그 안전성이 논란에 휩싸여 있음에도 자율주행에 열광하는 얼리어댑터들, 테슬라의 팬들이 오토파일럿을 마치 5단계 완전 자동화 차량처럼 다루고 있다는 사실은 그들이 그것을 편리하면서 동시에 안전한 것으로 인식하고 수용하고 있다는 사실을 보여 준다. 현실의 기술 수준을 앞질러 기술을 소비하고 있는 것이다.

그들의 문화추월이 오토파일럿과 테슬라의 서비스에 대한 소망사고에 더욱 힘을 실어 줄 것이라 예상하는 것은 그리 어렵지 않다. 오토파일럿을 생산하는 쪽은 소망사고를 조장하고, 소비자들은 문화추월을 되먹이면서 소망사고를 강화하고 있는 것이다. 그리고 테슬라와 같은 기업은 소망사고와 문화추월 사이의 이러한 순환을 적극적으로 활용하려 할 것임이 분명하다.

소망사고와 문화추월은 자율주행차만의 일일 수 없다. 기술은 빠르게 앞서가고 있는데 기술문화가 그 속도를 따라잡지 못할 경우 문화지체가 사회병리현상으로 비화될 수 있다. 반대로 기술문화가 기술을 너무 앞질러도 마찬가지다. 오토파일럿과 관련된 문화추월은 인공지능의 기술 수준에 대한 몰이해, 그리고 이러한 몰이해에 기반을 둔 소망사고에 기인하는 것으로 보인다.

현재의 추세를 감안하면, 자율주행차의 개발과 상용화는 불가피한 것일지도 모른다. 그러나 불가피함이 문화추월을 용인해야 함을 의미하지는 않는다. 오토파일럿을 둘러싼 혼란은 인공지능 문화지체라고 할 수 있는 현상이 이윤 동기에 의해 생산자 측에서 일어나거나 또는 강렬한 기대와 환상에 의해 소비자 측에서도 일어날 수 있다는 사실을 보여 준다. 인공지능이 사회 전체를 비가역적으로 재편성하고 있는 이 시대에 과연 메타버스, 그리고 현재 챗지피티로 대표되고 있는 생성형 인공지능에 대해서도 소망사고와 문화추월 같은 현상이 없으리라고 장담할 수 있을까?

실제로 메타버스 붐이 일었을 때, 마치 인류에게 새로운 가상 세계가 주어진 것처럼 온갖 추측과 가설들이 난무했다. 사회와 경제가 들썩였고, 대중의 관심이 쏠림은 물론 막대한 자본이 움직였다. 그럼에도 불구하고 정작 메타버스에서 실제로 무슨 일이 벌어지고 있는지, 그에 대해서 어떻게 대처할 수 있는지, 어떻게 대처하는 것이 올바른지, 또는 적어도 덜 문제적인지에 대한 진지한 성찰과 담론은 찾기 어려웠다. 이루어지지 않은 일에 대해서 마치 우리가 새로운 가능성으로 가득 찬 가상 세계를 이미 얻은 것처럼 생각하고 있었던 것은 아닌지 의심이 든다.

어느새 많은 이야기와 논란은 잦아들었고, 이제는 생성형 인공지능이 바통을 이어받은 것으로 보인다. 메타버스에서와 비슷한 일이 현재 챗지피티를 비롯한 생성형 인공지능에 대해서도 일어나고 있다. 실감 나는 가짜 이미지의 대량 생성, 내용의 사실 여부와는 무관하게 그럴듯한 텍스트를 마구잡이로 생성해 내는 환각 현상 등 많은 문제가 산재해 있는데도, 마치 메타버스에 대해 그랬던 것처럼 벌써부터 인공지능이 많은 직업을 대체할 것이라거나, 창작 작업을 하는 작가는 더 이상 필요 없다거나, 심지어 생성형 인공지능도 인간과 같은 의식을 가진다는, 추측에 근거한 불안이 널리 퍼져 있다. 일어나지 않은 일을 은연중에 이미 일어난 것처럼 생각하는 경향이 팽배한 것이다. 흥분되는 소망이 아니라 막연한 불안에 근거하고 있다는 점에서, 이러한 사고를 '불안 사고Anxious Thinking'라고 부를 수 있을 것이다.

자율주행차는 인공지능에 대한 사회와 문화의 반응을 검토할 수 있는 하나의 사례일 뿐이다. 인공지능이 불가피할수록 그에 대한 관심과 강조가 소망사고를 막연하게 자극하고 있는 것은 아닌지, 문화추월을 부추기고 있지는 않은지 비판적인 검토가 요구된다. 문화지체를 해소하기 위해서 기술을 따라잡는 기술문화가 필요하듯이, 문화추월을 해결하기 위해서는 기술문화를 제어할 수 있는 비판적 성찰이 필요하다. 이러한 성찰을 위해서는 사회적이고 공적인 차원에서 인공지능이 얇은 행위자라는 사실, 윤리-기술-복합체이자 새로운 타자라는 사실에 대한 인식부터 공유되어야 할 것이다. 공적 차원에서 인공지능의 고유한 특성들에 대한 인식이 공유되지 않는다면 인공지능과 관련된 문화지체만큼 그에 대한 문화추월도 부정적인 결과를 초래할 수 있기 때문이다.

이렇게 공유된 인식을 바탕으로 하여 사회적 논의가 확산되고, 그것이 구체적인 정책으로까지 이어져야 한다. 인공지능 사회문화학, 나아가 인공지능 인문학의 존재 이유는 여기에 있을 것이다. '인공지능을 어떻게 해야 할 것인가.'라는 근본적이면서도 현실적인 문제에 대답하기 위해 만들어진 것이 바로 그러한 학제들이기 때문이다.

2부

4차 산업혁명과 대중문화

1장
빅데이터의 등장과
사회문화적 변화

1. 빅데이터의 출현 배경과 가치

빅데이터Big Data는 4차 산업혁명을 이끌 핵심 기술에 포함되며, 세계경제포럼Davos Forum에서도 새로운 가능성을 열어 줄 중요한 기술이라고 평가하였다. 기술의 진보와 다양하고 방대한 양의 정보들에 의해 생긴 개념인 만큼 정의와 범위, 적용 대상이 기관 및 연구자마다 다소 다르게 나타나고 있다. 맥킨지McKinsey & Company는 전통적인 데이터베이스 소프트웨어를 통해 저장, 관리, 분석할 수 있는 규모를 초과하는 데이터라고 빅데이터를 정의하였다. IDCInternet Data Center는 대규모의 다양한 데이터로부터 수집, 검색, 분석을 신속하게 처리하여 경제적인 가치발굴을 수행하도록 설계된 차세대 기술 및 아키텍처라는 정의를 내렸다. 가트너Gartner가 내린 정의는, 빅데이터는 21세기의 원유로 기업이 감당할 수 없을 정도로 다양한 종류의 데이터가 빠르게 생성되는 현상이라고 언급하였다. 매켄지의 정의가 데이터의 규모에 방점을 두었다면, IDC는 기술과 업무 수행, 가트너는 데이터의 활용에 초점을 두었다.

빅데이터 초기의 정의가 규모에 집중되었다면, 최근에는 빅데이터를 처리하는 과정까지 포함하는 정의들이 제시되고 있다. 협의의 빅데이터는 데이터의 양이 매우 방대하여 기존의 방식으로는 관리와 분석이 어려운 데이터 집합으로 볼 수 있다. 반면 광의의 빅데이터는 빅데이터를 관리하고 분석하는 데 필요한 인력과 조직, 제반 기술, 인프라까지 모두 포함한 의미로, 데이터 집합뿐 아니라 관리 분석을 하는 인력과 조직, 데이터의 관리 및 분석과 관련된 기술까지 포함하는 개념으로 볼 수 있다.

빅데이터의 대표적인 특징은 3V로, 'Volume(양)', 'Velocity(속도)', 'Variety(다양성)'로 일컬어진다. Volume은 데이터의 양 또는 데이터의 크기를 의미하는 '대용량'의 데이터를 일컫는다. Velocity는 대용량의 데이터를 '빠른 속도로 생성 및 처리'할 수 있다는 것을 의미한다. Variety는 '데이터의 종류가 다양'해졌음을 의미한다. 기존에는 자료 분석 방식이 주로 구조화된 데이터 집약적 자료 위주였다면, 빅데이터의 등장으로 비구조화된 자료의 분석까지도 가능해졌다. 즉, 구조화된 데이터베이스에 저장될 수 없는 소셜미디어 내 텍스트, 이미지, 영상, 메시지, GPS, 센서 데이터 등 매우 다양한 형태를 가진 비정형 데이터들이 점차 자료화될 수 있었다.

위에서 살펴본 Volume, Velocity, Variety 등 빅데이터의 특징에 'Value(가치)'라는 특징을 더해 4V로 표현하기도 한다. 다양한 형태로 수집, 저장된 대용량의 데이터들을 빠른 속도로 분석해서 데이터의 일정한 패턴을 찾아내고 '새로운 가치를 창출'하는 것이다. 이러한 특성들은 각 연구자 또는 기관들이 앞서 언급한 빅데이터를 정의하는 기준으로 사용되기도 한다.

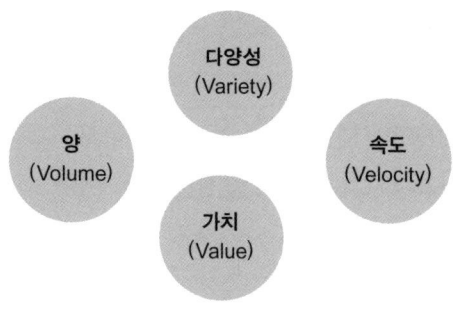

그림 2. 빅데이터의 특징

지금처럼 인공지능이 발전하게 된 배경에는 빅데이터의 영향력이 크게 작용하였다. 빅데이터, 빅데이터를 분석할 수 있는 뛰어난 하드웨어의 발전, 대용량의 데이터를 저장 및 관리할 수 있는 클라우드 컴퓨팅의 보급, 뛰어난 알고리즘의 발전 등이 뒷받침되어 이루어진 것으로 볼 수 있다.

데이터 생성 속도를 표현하자면, 현재 인터넷에서 1초 동안 교차하는 데이터들은 20년 전 인터넷에 저장되던 모든 데이터의 양보다 많다고 알려져 있다. 또한, 2013년도까지 만들어진

정보량이 약 5엑사바이트 정도로 알려져 있는데, 이후 2년 동안 약 8제타바이트의 정보가 생성되었다고 한다. 즉, 매초, 매분, 매 시마다 전 세계에서 대용량의 데이터가 만들어지고 있다. 가까운 미래에는 제타바이트 단위보다 더 큰 단위의 데이터가 생성될 것으로 예측하고 있다.

또 인터넷과 모바일 등의 정형 데이터뿐만 아니라 기술이 발전하면서 소셜미디어 확산으로 만들어지는 비정형 데이터의 발전으로 데이터의 양이 기하급수적으로 증가하였고, 이를 처리할 수 있는 기술이 발전하였다. 더불어 이러한 대용량의 데이터들을 나누어 저장하고 관리할 수 있는 클라우딩 서비스가 발전하였고, 처리된 데이터는 클라우딩 컴퓨팅을 통해서 관리되기에 스마트 기기에 아무 때나 접속하여 볼 수 있는 시대가 되었다. 이러한 배경들이 맞물려 큰 발전을 이룬 지금은 인공지능을 동반한 빅데이터의 시대에 본격 진입한 상태라고 할 수 있다.

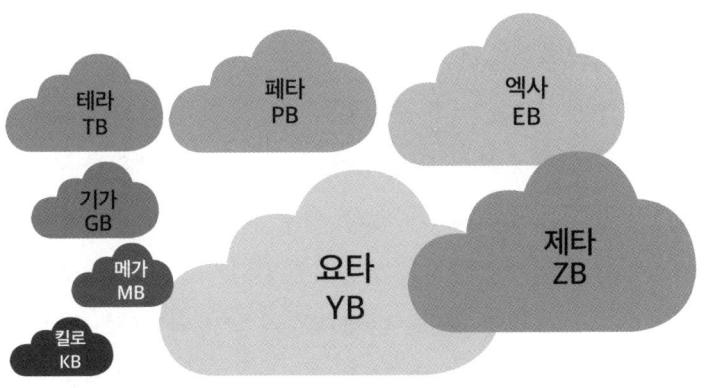

그림 3. 데이터 양의 증가

2. 현대사회에 적용된 빅데이터

최근에는 다양한 분야에서 빅데이터가 활용되고 있다. 이는 현대사회에 적용된 빅데이터가 단순히 늘어나는 데이터의 관리와 분석을 넘어 새로운 통찰력 및 가치를 창출하고 있기 때문이다. 특히 빅데이터를 활용해 상품과 서비스 추천 및 개선, 행동 타깃팅 광고, 위치 정보를 이용한 마케팅, 고객 이탈 분석, 이상 검출 및 고장 예측, 시장 추세 예측 등을 시도할 수 있다. 이처럼 빅데이터를 기반으로 한 의사결정 시, 이상 현상을 감지하거나 미래를 예측하여 이후 발생할 수 있는 위험을 감지하여 관리할 수 있어, 더 좋은 결정을 할 수 있다는 기대효과가 있다. 예를 들어, 공연예술 분야에서 티켓 판매량이 평소와 다르게 심하게 증가하거나 감소하는 것으로 관객의 행동 변화를 감지하여 관객 개발에 도움을 줄 수 있으며, 마케팅 영역에서는 소비자들이 보내는 부정적인 메시지나 반응을 분석해 제품이나 서비스에 대한 효과를 파악할 수 있다.

빅데이터를 활용한 대표적인 몇 가지 사례를 살펴보자. 미국 월마트Walmart사는 장바구니 분석 시스템을 활용하여 제품을 진열하는데, 장을 보러 온 남성이 기저귀와 함께 맥주를 구매할 확률이 높다는 것을 확인하였다. 이후 기저귀와 맥주를 나란히 진열해 놓아 실제로 매출을 상승시킨 일화가 있다. 이처럼 월마트가 기저귀가 담긴 장바구니에 맥주가 함께 담긴다는 것을 확인하고 이동 동선을 줄여 매출을 올리는 전략을 펼친 것은 빅데이터를 잘 활용한 사례로 알려져 있다.

그밖에 2013년 미국 보스턴 마라톤 대회에서 테러가 발생했을 때, 용의자를 찾기 위해 행사장 근처 이동 통신 기지국의 로그 기록이나 주변 사무실과 주유소, 아웃렛 등의 CCTV, 관중의 스마트폰 카메라 영상을 수집하였고, 이렇게 수집된 10테라바이트의 데이터를 분석해 용의자를 찾아낸 일화도 있다.

빅데이터를 활용해 좋은 성과를 거둔 사례 중에서는 '올빼미 버스'가 대표적이다. 일반적으로 교통 분야의 빅데이터 중 통화량이 많아지는 시각이나 지역에 대한 정보는 교통 노선을 확대하거나 축소하는 등의 계획을 세울 때 중요한 자료로 쓰인다. 스마트폰 사용 기록을 활용해 언제, 어디에서 스마트폰이 가장 많이 사용되는지를 분석한 결과 만들어진 노선이 올빼미 버스라고 불리는 서울시 심야 버스이며, 심야 시간대 통화량을 분석해 노선을 정교화하였다고 알려져 있다. 더불어 택시 승차 거부가 빈번하게 일어나는 지역, 택시 승하차 지점의 빅데이터 분석을 통해 신설 올빼미 버스의 노선을 결정하기도 했으며, 서울시의 교통 환경, 버스전용차선, 정류장 위치, 환승 구역, 택시 승차 거부 시각 및 지역 등을 기반으로 시간별, 지역별 최적의 정류장 위치를 선정하기도 하였다.

코로나19로 인한 방역 대책으로 빅데이터를 활용한 사례도 있다. 경기도 성남시는 코로나19에 효율적으로 대응하기 위해 '빅데이터 기반 실시간 유동 인구 분석기술'을 도입하였다. SK텔레콤과 함께 '행정 데이터 공유 활용 시스템'에 유동 인구 분석 서비스를 접목하여 스마트폰과 기지국 정보를 활용해 성남 지역의 특정 장소에 성별 및 연령별로 사람들이 얼마나 몰리고 이동하는지 등의 정보를 5분마다 업데이트하였다. 실시간 인구가 많이 몰린 곳은 빨간색으로 표시하고, 최근 세 시간 동안 인구가 가장 많이 증가한 영역은 초록색으로 시각화했으며, 이 서비스를 활용해 인구 밀집도가 높은 지역을 중심으로 방역 대책을 마련하고 소독 경로를 파악하였다. 이는 빅데이터를 기반으로 방역을 시도하여 좋은 성과를 거둔 사례로 잘 알려져 있다.

3. 빅데이터와 사회문화적 변화

빅데이터를 적용하기 위해서는 데이터를 통해 패턴을 감지하여 통찰력 및 가치를 창출할 수 있어야 한다. 이러한 가치를 창출하기 위해 빅데이터를 효과적으로 분석할 수 있는 데이터 마이닝Data Mining이 요구된다. 데이터 마이닝은 대량의 데이터로부터 의미 있는 정보를 추출해 사회문화적 변화를 감지하고, 더 나은 의사결정을 하는 데 도움이 될 수 있다.

데이터 마이닝은 크게 텍스트 마이닝Text Mining, 평판 분석 Opinion Mining, 의미 연결망 분석Semantic Network Analysis, SNA, 군집분석Clustering 등으로 나눌 수 있다.

텍스트 마이닝은 자연어 처리 기술을 이용하여 텍스트에 나타나는 단어를 분해해 특정 단어의 출현 빈도를 파악하며 단어 간 관계를 조사하는 방법이다. 평판 분석은 웹사이트와 소셜미디어에 나타난 의견들을 분석하여 유용한 정보로 재창조하는 기술이다. 데이터에 대한 대중의 의견이 긍·부정 또는 중립적인지 아닌지를 알 수 있다.

의미 연결망 분석은 소셜네트워크의 연결구조 및 연결 강도 등을 바탕으로 사용자의 명성 및 영향력을 측정함으로써, 소셜 네트워크상에서 입소문의 중심이나 허브 역할을 하는 사용자를 찾아내는 기술이다.

군집분석은 개체의 유사성을 측정하여 대상 집단으로 분류한 뒤, 그에 속한 개체들의 유사성을 찾거나 서로 다른 집단에 속한 개체 간의 차이점을 규명하는 기술이다.

더불어 빅데이터 분석기술들은 주로 특정 분야에서 산업적인 접근으로 활용되거나 데이터 과학자만이 활용할 수 있는 기술이라 여겨지지만, 현재는 실생활에서도 직접 활용해 볼 수 있는 빅데이터 분석 플랫폼들이 다양해지는 추세이다.

일상에서 접근이 쉬운 빅데이터 분석 플랫폼으로는 워드 클라우드 생성기(https://wordcloud.kr/), 썸트렌드 Sometrend(https://some.co.kr/), 빅카인즈 Bigkinds(https://www.bigkinds.or.kr/), 구글 트렌드 Google Trend(https://trends.google.com/trends/), 네이버 데이터랩 Naver datalab(https://datalab.naver.com/) 등이 있다.

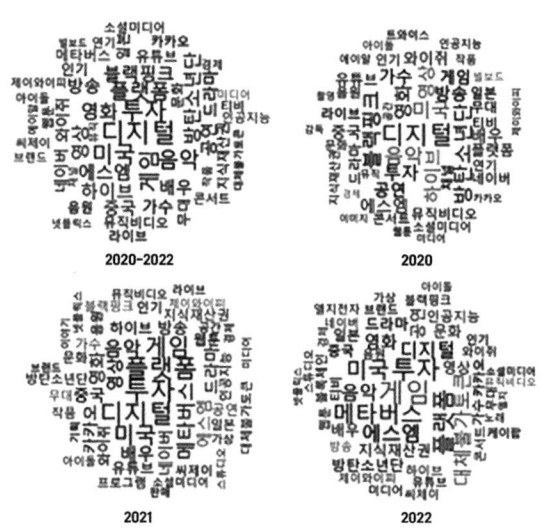

그림 4 . R를 활용한 워드 클라우드 이미지[39]

---

[39] 이미지 출처 : 황재윤·황서이, 「엔터테인먼트 분야에서 'Metaverse'와 'Virtual Human'의 사회적 담론 변화 연구」, 『디지털콘텐츠학회논문지』, vol. 23, no. 12, 2022, 2439쪽.

먼저 '워드 클라우드 생성기'는 워드 클라우드Word Cloud를 구현해 주는 웹사이트이다. 워드 클라우드는 문서의 키워드나 개념을 직관적으로 볼 수 있으며, 빈도가 높거나 많이 언급된 단어일수록 크고, 주로 이미지의 중앙에 표시되며 문서의 핵심 단어를 직관적으로 판단할 수 있는 이미지이다. 이러한 워드 클라우드 생성기 웹사이트를 이용하면 데이터를 쉽게 시각화할 수 있다.

그림 5. 워드 클라우드 생성기로 구현된 워드 클라우드 이미지[40]

'썸트렌드'는 이용자가 알고 싶은 키워드를 입력하면, 해당 키워드가 SNS, 블로그, 뉴스, 커뮤니티 등에서 어떻게, 얼마나 많이 언급되고 있는지 그리고 긍·부정적인 감정은 어떠한지 등을 보여 준다.

---

[40] 이미지 출처 : https://wordcloud.kr/

1월1일~8월 15일	1월1일~6월 30일	7월1일~8월 15일
언론미디어 + 소셜미디어	언론미디어 + 소셜미디어	언론미디어 + 소셜미디어
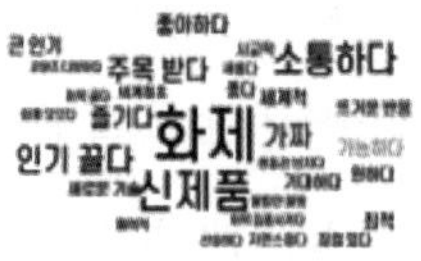 (워드 클라우드)	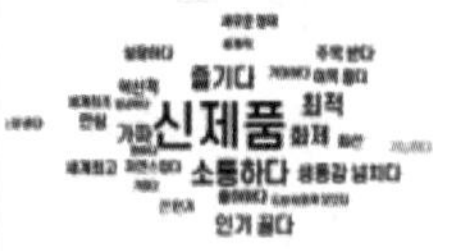 (워드 클라우드)	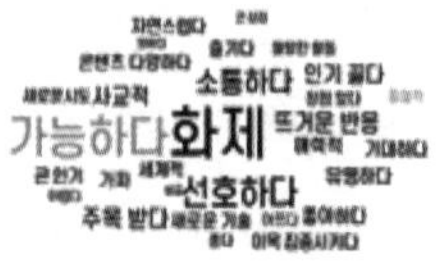 (워드 클라우드)
긍정 84%, 부정 12%, 중립 4%	긍정 85%, 부정 12%, 중립 3%	긍정 81%, 부정 12%, 중립 7%

그림 6. 썸트렌드 활용 미디어에 나타난 '가상 인플루언서' 감성 분석 워드 클라우드 결과[41]

'빅카인즈'는 한국언론진흥재단의 뉴스 빅데이터 분석 시스템이다. 키워드를 입력하면 관련 키워드의 언론 보도량이나 워드 클라우드, 연결망 분석 등을 확인할 수 있다.

구글 트렌드, 네이버 데이터랩은 키워드를 입력하면 기간별, 연령별, 성별, 지역별, 국가별 등으로 키워드 검색량을 확인할 수 있다.

또 빅카인즈, 구글 트렌드, 네이버 데이터랩 등을 통해서는 용어의 추이를 확인하여 트렌드가 어떻게 변화하고 있는지를 확인할 수 있다. 예를 들어 2019년 1월부터 2023년 3월까지 '메타버스'에 대한 추이를 살펴보면, 메타버스에 대한 언론 보도량과 검색량은 2020년 코로나로 인한 비대면 환경이 도래하면서 급증하기 시작하였고, 2022년 11월과 12월에 절정에 달했음을 확인할 수 있었다. 이후 2023년부터는 언론과 대중의 관심은 지

---

[41] 이미지 출처: 황서이·이명천, 「텍스트 마이닝을 활용한 광고 모델로서의 '가상 인플루언서' 인식변화 분석」, 『한국광고홍보학보』, 제23권 제4호, 2021, 286쪽.

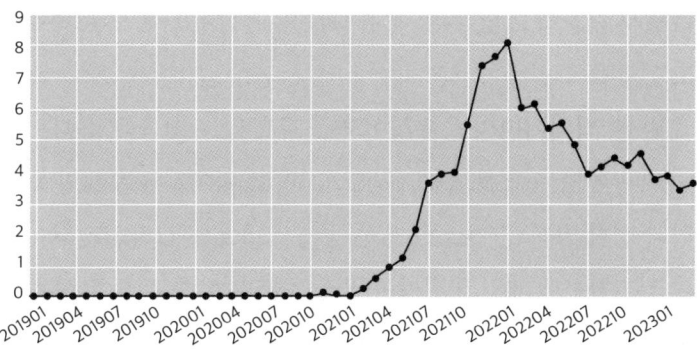

빅카인즈, 2019년 1월 1일 ~ 2023년 3월 31일, '메타버스' 기사 건수 추이

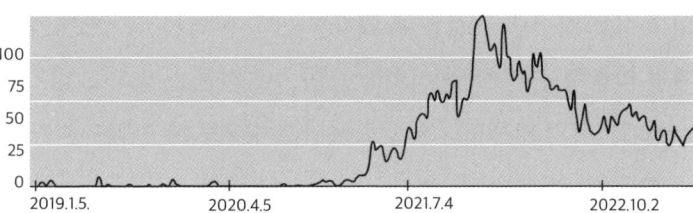

구글 트렌드, 2019년 1월 1일 ~ 2023년 3월 31일, '메타버스' 검색지수 추이

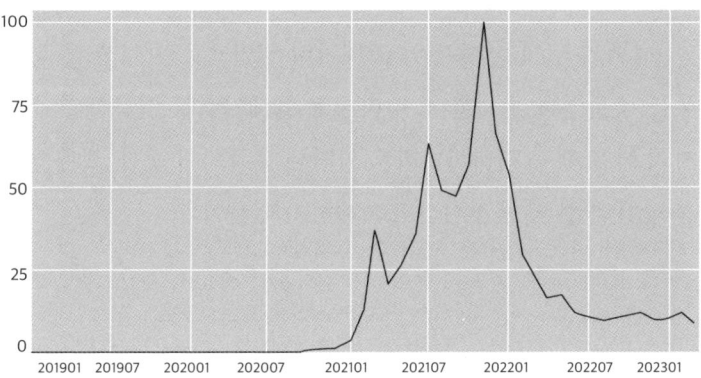

네이버 데이터랩 2019년 1월 1일 ~ 2023년 3월 31일, '메타버스' 검색지수 추이

- 분석 솔루션: 빅카인즈, 네이버 데이터랩, 구글 트렌드
- 조사기간: 2019년 1월 1일 ~ 2023년 3월 31일
- 검색어: 메타버스

그림 7 . 빅카인즈, 네이버 데이터랩, 구글 트렌드 활용 '메타버스' 언급량 추이

속해서 감소하고 있으며, 특히 대중의 관심이 급속도로 하락하고 있음을 확인할 수 있다.

반면, 빅데이터의 중요성이 강조되고 있는 만큼 '스몰데이터 Small Data'의 중요성도 대두되고 있다. 스몰데이터는 개인의 취향과 생활 방식 등 사소한 행동 등에서 나오는 개인화된 데이터를 의미하는데 개인의 취향이나 필요, 건강 상태, 생활 양식 등을 세밀하게 관찰해서 나오는 정보들을 활용하는 것이다. 즉, 빅데이터가 공통의 특성을 찾아낸다면, 스몰데이터는 차별화된 개인의 특성을 찾아낸다고 볼 수 있다. 마케팅 영역에서는 초개인화, 개인 맞춤형 콘텐츠 및 서비스 등이 주요하게 논의되고 있기에 스몰데이터의 활용도는 앞으로 높아질 것으로 보고 있다.

지금은 다양한 영역에서 빅데이터와 함께 스몰데이터의 분석도 이야기하고 있다. 빅데이터는 이미 발생한 데이터를 통해 트렌드를 예측하고 깊게 분석해 경쟁력 있는 정보를 추출하지만, 정보 수집에 한계가 있고 데이터 양만으로는 메울 수 없는 부분이 분명히 존재한다. 따라서 스몰데이터를 이용하면 소비자의 작은 행동 하나하나까지 파악해 충족되지 못한 그 무언가를 찾아낼 수 있을 것이라고 기대하기 때문이다.

4. 빅데이터와 대중문화

빅데이터는 온오프라인에서 발생하는 수많은 데이터를 분석해 트렌드를 예측하고 의사결정을 하는 데 효과적으로 적용되고 있다. 사회문화 속에서 빅데이터는 위험 신호를 감지하여 향후 발생할 수 있는 위험을 최소화하거나 방지하기 위해 활용되고 있다.

그렇다면 인간만이 해낼 수 있다고 믿었던 독창성과 감수성을 담은 문화콘텐츠 영역에서는 빅데이터가 어떻게 활용되고 있을까? 특히 빅데이터는 문화산업, 엔터테인먼트 산업에서 효율적으로 활용되고 있는데, 이러한 이유는 엔터테인먼트에서는 대중이 원하는 게 무엇인지 정확히 파악하는 게 중요하기 때문이다.

대표적인 예로 가수 '싸이PSY'가 있다. 당시 싸이의 소속사는 YG 엔터테인먼트였는데, 소셜미디어 분석회사인 트리움을 통해 유튜브, 트위터 등에 올라오는 소속 가수들에 관한 댓글을 분석한 뒤, 실시간 피드백을 시행하여 대중들의 반응에 실시간으로 대처할 수 있었다. 이처럼 엔터테인먼트 기획사들은 단순히 댓글을 분석해 트렌드를 추정하는 수준에 그치지 않고, 데이터를 통해 대중의 성향과 행동 변화까지 포착해 작품의 트렌드, 이벤트 장소 선정, 마케팅 전략 수립 등을 진행하고 있다.

빅데이터는 음원 시장에서도 주요하게 활용된다. 스포티파이Spotify, 애플 뮤직Apple Music, 멜론Melon 등의 음원 사이트에서는 음원 다운로드와 유료 스트리밍 서비스를 통해 새로운 빅데이터를 끊임없이 만들어 내고 있다. 이러한 음원 사이트는 빅데이터를 활용해 고객이 가장 좋아하는 콘텐츠를 예측하는 맞춤형 서비스를 제공한다. 특히 스포티파이는 '취향 저격' 서비스로 잘 알려져 있는데, 이용자가 어떤 노래를 많이 듣는지 분석한 뒤 이를 토대로 이용자가 좋아할 만한 노래를 추천하는 큐레이션 서비스를 제공하기 때문이다. 추천 엔진은 빅데이터를 토대로 이용자 취향을 저격하는 노래와 아티스트를 정확히 찾아 주고 있다.

SPA 패션 브랜드 '자라ZARA'는 빅데이터를 활용하여 재고를 최소화하는 전략을 펼치고 있다. 자라는 매일 매장 데이터를 분석하는데, 모든 옷에 태그를 붙여 고객들이 탈의실에서 가장 많이 입어 본 옷이 무엇인지, 가장 많이 팔린 옷이 무엇인지, 반응이 나쁜 옷이 무엇인지 파악한다. 영업이 종료되면 매장 직원들은 태그 데이터를 바탕으로 가장 많이 팔린 옷이 무엇인지 정리해 본사의 디자이너에게 전달한다. 그러면 디자이너는 많이 팔린 옷의 디자인과 원단, 무늬, 색상 등을 참고하여 잘 팔릴 것 같은 신제품을 준비한다. 자라는 이렇게 고객 데이터에 기반해 디자인이 정해지므로 1년에 딱 두 번만 세일을 하고도 효율적으로 재고 관리를 할 수 있다고 한다.

'스타벅스Starbucks'도 빅데이터와 연관이 깊다. 스타벅스는 매장을 내기 전에 빅데이터를 기반으로 상권을 철저히 분석한다고 알려져 있다. 다른 스타벅스 지점의 위치, 교통 패턴, 지역 인구 통계 등의 데이터를 수집하고 분석하여 최상의 입점 위치를 발굴한다. 신규 스타벅스 매장에 의해 기존 매장이 매출에 얼마나 타격을 입을지도 예측할 수 있다고 한다. 또 자체 애플리케이션을 통해 소비자 정보를 수집하고 이를 바탕으로 고객의 커피 취향부터 방문 예상 시간까지 알아낸다. 고객 취향에 맞을 법한 신메뉴를 추천해 주는 서비스도 제공하고 있다.

'아마존Amazon'에서 운영하는 '도서 추천 시스템'과 '예측 배송 시스템'에도 빅데이터가 활용된다. 도서 추천 시스템은 고객 정보의 일부를 추출해 고객들 간 유사성을 파악한 뒤 취향에 맞는 책을 추천해 준다. 또한 구매 정보를 추출해 고객의 관심 분야를 파악하고 다양한 책을 추천하기도 한다. 아마존의 예측 배송 시스템은 오랜 시간 축적해 온 고객의 구매 기록 데이터를 기반으로 고객이 어떤 물건을 구매하기 전, 구매가 예상되는 물품을 예측하여 포장한 뒤 고객이 사는 곳과 가까운 물류 창고에 배송해 놓고, 고객이 그 물품을 주문하면 바로 배송하는 시스템까지 갖추고 있다.

문화예술 기관에서 빅데이터를 활용한 사례도 있다. 영국의 경우 영국예술위원회Art Council England가 주도하여 빅데이터 프로젝트를 시도하였다. 이 프로젝트의 주요 목적은 문화예술 분야에서 빅데이터의 활용 범위를 넓히고 새로운 비즈니스 전략을 개발하는 방법을 모색하는 것이었으며, 빅데이터를 활용한 네 가지 프로젝트 Arts API, Arts Data Impact, Culture Count, The Unusual Suspect를 시도하였다.

Arts Data Impact는 프로젝트 참여 기관인 영국 국립극장 National Theatre, 영국 국립오페라단English National Opera, ENO, 바비칸 센터Barbican Center에 데이터 분석가를 파견하여 기관 내에

상주시킨 다음 지속해서 증가하는 데이터 자원을 조사하고 활용하도록 하는 프로젝트였다.

네 가지 프로젝트 중 Arts Data Impact가 데이터를 관객 마케팅에 활용한 사례를 살펴보면, 주로 기존 관객 분석과 잠재 관객 개발을 목적으로 빅데이터를 활용하였다. 개발된 공용 소프트웨어를 통해 관객 데이터를 기관끼리 공유하며, 공유한 데이터를 통해 관객을 예측하려고 하였다. 그렇게 되면 기관은 목표를 명확하게 설정할 수 있고, 마케팅 전략을 더욱 정교하게 설계할 수 있으며, 예산을 효율적으로 분배할 수 있을 것이라 기대했던 것이다. 더불어 Arts Data Impact는 최초로 데이터 과학자를 기관에 상주시킨 프로젝트라고 알려져 있다.

영국 국립극장은 상주하는 데이터 과학자의 도움으로 'Sonar Beta'라는 소프트웨어를 개발하여 박스오피스 데이터를 통해 관객 정보를 얻었다. 이는 소셜미디어를 활용하였으며, 특히 트위터 데이터를 분석하여 가장 많이 사용되는 키워드를 식별하였다. 그리고 이처럼 빅데이터 분석을 통해 추출한 키워드를 홍보에 활용하여 관객들이 관심을 가질 수 있도록 했다.

다음으로 영국 국립오페라단은 관객 세분화에 초점을 맞추었다. 'Audience Explorer'를 개발하여 전략적으로 마케팅을 시행하였다. 특히 조직 내부 직원들이 개발된 소프트웨어를 통해 관객 데이터베이스를 더욱 쉽게 분석하여 관객을 더 잘 이해할 수 있도록 했다.

마지막으로 바비칸 센터는 'Support Predictor'를 개발하여 기존 관객 중 회원권을 구매하여 장기 고객이 될 가능성이 큰 관객을 식별하고자 하였다.

다양한 분야에서 빅데이터의 효과가 두각을 드러내고 있지만, 한편으로는 빅데이터가 일상에 도입되고 문화예술 분야에서 빅데이터의 효과 및 효율성이 입증됨에 따라 개인 정보에 대한 우려도 발생하고 있다. 4차 산업혁명 시대의 핵심 자원인 데이터를 활용할 수 있는 근거가 마련되면서 본격적으로 익명의 정보 데이터를 활용한 연구 및 개발이 활성화될 것이라 기대하고 있지만, 이와 함께 개인 정보에 대한 깊은 논의들도 필요할 것으로 보인다. 민감한 정보를 활용해 기업이 수익을 창출하는 과정에서 개인 정보의 오남용 문제가 발생하고 있기에 향후 개인 정보 빅데이터의 활용에 대한 우려의 목소리도 높아지고 있다. 이에 데이터 관련 법안을 마련해 법적인 테두리 안에서 정보를 활용할 수 있도록 하였으며 이른바 '데이터 3법'이라고 불리는 '개인정보 보호법', '정보통신망 이용촉진 및 정보보호 등에 관한 법률', '신용정보의 이용 및 보호에 관한 법률'이 그것이다.

빅데이터의 활용은 4차 산업혁명 시대에 시대의 트렌드를 예측하고 깊게 분석하여 가치 있는 정보를 추출할 수 있어 '21세기의 원유'라고도 불린다. 그렇지만 충분한 논의를 거쳐 문제점을 보완하고 안전한 데이터 활용이 이루어질 수 있도록 노력이 필요한 시점이다.

2장
인공지능의 발전과 사회문화적 변화

1. 인공지능의 출현 배경과 가치

4차 산업혁명의 영역 중 하나인 인공지능은 인간의 인지, 학습, 추론, 이해 등 높은 수준의 정보처리 기술을 컴퓨터로 구현한 기술로서, 인공지능을 활용한 산업 영역의 확장과 잠재적 가치 창출을 위한 핵심 분야로 주목받고 있다. 인공지능의 개념은 근래에 발생한 것이 아니며, 다트머스 콘퍼런스Dartmouth Conference에서 처음으로 '인공지능'이라는 용어가 제안되었다. 인공지능은 컴퓨터 기술을 이용하여 인간의 지능을 모방해 만들어진 지능으로, 인공적으로 만든 지능을 의미하며 인간의 뇌 구조와 닮아 있다.

1956년 인공지능이라는 용어가 등장한 이후, 인공지능 관련

연구들이 활성화될 것이라 기대하였으나 현재의 기술 수준에 이르기까지는 몇 번의 진화와 쇠퇴 과정을 거쳤다. 이는 분석기술, 하드웨어 등이 뒷받침되지 못하여 큰 성과를 거두지 못했기 때문이다. 그러나 2010년을 전후로 클라우딩 컴퓨터, 빅데이터, 네트워크의 발전, 딥러닝Deep Learning 알고리즘의 발전 등 IT 분야 전반의 기술이 혁신적으로 발전하면서 현대사회는 지능화라는 새로운 시대적 패러다임을 형성하였다.

2000년대 초반, 컴퓨터가 사람처럼 생각하고 배울 수 있도록 하는 기술인 딥러닝이 등장하며 인공지능은 급속도로 고도화되었다. 일반적으로 딥러닝은 머신러닝의 한 분야로 보지만, 머신러닝은 먼저 다양한 정보를 가르치고 학습한 결과에 따라 새로운 것을 예측하고, 딥러닝은 스스로 학습해 미래 상황을 예측할 수 있다고 알려져 있다. 딥러닝의 대표주자로는 2016년 이세돌과 바둑 대결에서 승리를 거둔 '알파고'가 있다.

앞서 언급하였듯이 인공지능은 인간의 뇌와 닮아 있는데, 인간의 뇌가 뉴런이라는 세포와 뉴런 사이를 연결하는 시냅스로 이루어져 있듯이, 인공지능은 인간 뇌의 구조를 닮은 '인공신경망Artificial Neural Network'을 만들면서 시작되었다.

인간의 뇌를 닮은 인공지능은 스스로 사고하는 정도에 따라 크게 '강한 인공지능Strong AI'과 '약한 인공지능Weak AI'으로 분류할 수 있다. '스스로 사고한다'라는 것은 컴퓨터가 인간과 유사한 형태의 인지능력을 구현한다고 보는 개념이다. 그러나 실제 '인간과 같은 지능'을 가졌다고 할 수 있는가에 대해서는 다양한 견해가 있다. 하지만 현실적으로 인공지능이 인간처럼 포괄적이고 복합적인 영역을 다루지는 못할 것이라는 논의가 일반적이므로, 인공지능 자체의 발전과 적용에 따른 기대 성과를 기준으로 강한 인공지능과 약한 인공지능을 구분하기도 한다.

강한 인공지능은 모든 면에서 인간처럼 사고하는 인공지능으로, 사람처럼 느끼고 행동하며 추론하고 문제해결, 판단, 의사소통, 자의식, 감정 등을 가진 인공지능으로 볼 수 있다. 반면 약한 인공지능은 자의식이 없는 상태의 인공지능을 말하며 특정 기능에 특화된 형태로, 인간의 한계를 극복하기 위해 활용되는 개념이라고 할 수 있다. 최근에는 기하급수적으로 늘어나고 있는 CPU 파워, 머신 파워에 힘입어 강한 인공지능으로 다가서고 있지만, 강한 인공지능은 인간의 의식 단계까지 고려해야 하기에 이를 위한 다양한 논의와 연구들이 지속되고 있다.

한편 인공지능의 발전 속도가 매우 빠르고 응용력이 방대해짐에 따라 우리 삶에 끼치는 영향도 점점 커지면서 인공지능이 가져올 부정적 폐해에 대한 견해도 커지고 있으며, 기술의 특이점Singularity에 대한 논의들도 이루어지고 있다. 일반적으로 기술의 특이점은 인공지능이 비약적으로 발전해 인간을 뛰어넘는 시점을 의미한다. 제리 카플란Jerry Kaplan, 스티븐 호킹Stephen William Hawking 등 저명한 학자들도 인공지능이 가져올 결과에 대해 부정적인 견해를 보이기도 하였고, 기술의 특이점, 인공지능의 특이점에 대해 언급하기도 했다. 특히 스티븐 호킹은 2017년 포르투갈에서 열린 웹 서밋Web Summit에서 인류가 인공지능의 위협에 대처하는 방법을 모른다면 인류 문명에 최악의 사건이 일어날 것이라고 주장하였다.

기관이나 연구자마다 특이점을 맞을 것으로 예측하는 시기에는 다소 차이가 있다. 대략 2045년쯤으로 예측하며, 인류의 종말이 올 것이라고 전망하기도 한다. 현재는 인공지능의 발전에 박차를 가하고 있는 만큼, 인공지능이 인간을 뛰어넘을 때 어떻게 대처해야 할지도 고민해야 할 시점이다.

2. 현대사회에 적용된 인공지능

인공지능의 빠른 성장을 이끌어 온 대표적인 기술로는 빅데이터, 인공지능, 사물인터넷 등이 있다. 인공지능은 기술 발전을 토대로 다양한 산업 영역에서 적용되고 있는데, 대표적으로 금융(투자, 신용평가), 의료(헬스케어, 처방 및 치료), 자동차(자율주행, 교통), 제조업(스마트 팩토리), 미디어(콘텐츠, 방송, 광고, 마케팅), 농업(기상 데이터, 농장관리), 통신(통신자원 배분), 유통(옴니채널) 등이 있다고 알려져 있다.

우리가 일상에서 쉽게 접할 수 있는 인공지능 스피커도 대표적인 사례이다. 아마존에서 출시한 에코Echo는 사물인터넷과 알렉사Alexa라는 인공지능이 결합한 인공지능 스피커로, 클라우드를 기반으로 사용자의 패턴, 언어 등을 학습한다. 구글의 나우Now는 사용자의 질문에 답하고 검색 성향에 따라 원하는 정보를 예측하여 전달한다. 애플의 시리Siri는 자연어 처리를 기반으로 질문에 대한 답을 처리하고 사용자와 자연스럽게 대화가 가능하다는 특징이 있다. 이 외에도 마이크로소프트의 코타나Cortana, SKT에서 개발한 누구Nugu, KT의 기가지니GIGA Genie, 네이버의 클로바 웨이브CLOVA WAVE 등이 출시되었다.

인공지능 스피커는 사용자가 음성으로 필요한 것을 요구하면 자동으로 웹과 연결해 날씨 정보, 전화 걸기, 물건 주문하기 등의 업무를 수행한다. 인공지능 스피커는 음성만으로 대부분의 일을 처리할 수 있으며, 통신사나 IPTV, 스마트 TV와 연결된 서비스로 많이 보급되어 음성 비서의 역할을 한다.

인공지능 스피커가 충실한 비서 역할을 해냄으로써 미국에서 벌어진 해프닝이 있다. 여섯 살 난 소녀가 아마존의 인공지능 스피커 알렉사를 불러 인형의 집 장난감 쿠키를 사달라고 하자, 인형의 집과 쿠키가 집으로 배달되었다고 한다. 이 사건은 뉴스를 통해 보도되었는데, 뉴스 말미에 남성 앵커가 테스트를 명목으로 "알렉사, 인형의 집을 주문해 줘."라고 발언하자 해당 방송을 시청하던 미국 전역의 알렉사가 이를 실제 명령으로 인식해 약 170달러에 달하는 인형의 집을 아마존에 주문하는 해프닝이 일어났다. 아마존은 주문 오류에 대해 보상하며 추후 설정에서 음성 주문을 금지하거나 인증코드를 확인하도록 기능을 추가했다고 한다.

인공지능 스피커뿐만 아니라 인공지능 로봇 역시 사용자의 이야기를 들으면서 요구를 예측하거나 스스로 행동하며 인간 생활 속에 일부로 자리 잡고 있다. 그 예로 소프트뱅크에서 만든 감정인식 로봇 페퍼Pepper를 들 수 있다. 페퍼는 사람과 함께 생활하는 로봇이라는 콘셉트에 중점을 두었으며, 표정과 대화를 인식하면 인터넷에 연결해 거기에 담긴 의미를 데이터 분석하여 응대한다. 페퍼는 친화적인 외형을 가지고 있으며, 사람의 감정을 인지해 그에 맞는 답을 하는 것으로 알려졌다.

일반적으로 인공지능을 탑재한 로봇의 종류는 크게 서비스용 로봇, 소셜 로봇, 지능형 로봇 등이 있다. 서비스용 로봇은 인간의 생활 범주에 알맞은 서비스를 제공하며, 사람을 지원하는 로봇으로 알려졌다. 개인의 건강이나 교육, 가사, 안정 정보를 제공하는 등 삶과 밀접한 관련이 있는 로봇이다. 청소나 경비,

인간과 교감하며 흥미나 취미 생활을 보조하는 여가 지원, 노인이나 환자의 재활 복지 또는 연구 교육 기자재, 가정 교육과 가사 지원 등의 업무까지 수행할 수 있다.

  소셜 로봇은 감성 중심의 로봇으로 사람과 커뮤니케이션할 수 있는 능력을 갖추고 있으며 정서적인 상호작용도 할 수 있는데, 이는 소프트웨어 알고리즘이나 머신러닝을 고도화하여 만들어진 것이다. 때문에 소셜 로봇들은 사람과의 대화를 통해 상대방이 원하는 것이 무엇인지 파악하고, 그에 맞는 적절한 동작을 하기도 하며, 로봇 자신의 감정 상태를 사람에게 전달하기도 한다. 대표적인 소셜 로봇으로는 대만의 컴퓨터 업체 에이수스가 개발한 젠보Zenbo, 소니가 2006년 개발했던 애완용 로봇에 인공지능을 탑재한 아이보Aibo, 최초의 가정용 로봇으로 삼성전자에서 투자한 지보Jibo 등이 있다. 지보는 인간의 음성과 이미지를 인식해 표정이나 심리 상태를 분석할 수 있으며, 영상통화를 중계하거나 사진을 찍어 주기도 하고 문자, 전화, 이메일 확인이 가능하다.

  지능형 로봇의 모든 행동은 인간에게 초점이 맞춰져 있으며, 크게 휴머노이드Humanoid, 안드로이드Android 등으로 구분할 수 있다. 휴머노이드는 사람처럼 하나의 머리, 두 개의 팔과 다리를 가진 로봇을 의미한다. 즉 사람의 외형을 가졌지만 로봇의 형태는 확실하게 유지하고 있으며, 사람의 음성을 이해하고 물건의 크기나 위치 등을 판단할 수 있다. 대표적인 몇 가지 사례를 살펴보면, 혼다 로보틱스가 개발한 세계 최초의 이족 보행 로봇 아시모ASIMO가 있다. 아시모는 사람처럼 걷고 뛸 수 있고, 한 발로 뛰는 것도 가능하며, 경사로를 횡단할 때 균형을 잡을 수 있다. 또, 마주 오는 사람의 진로를 예측해 방향 전환 등 사람과 비슷한 행동을 구현하는 것이 가능하다. 더불어 2014년부터는 손가락이 추가되어 수화도 할 수 있다. 여러 사람의 목소리를 듣고 특징에 따라 인식할 수도 있고, 일본어와 영어까지 가능하다고 한다.

앞서 언급한 소프트뱅크의 페퍼는 언어 학습을 통해 여러 나라의 언어를 구사할 수 있으며, 클라우드 방식으로 구현되므로 하나의 페퍼가 인간과 교감한 정보를 빅데이터로 쌓아 다른 페퍼들이 이 정보들을 동시에 학습하며 진화하고 있는 것으로 알려졌다.

안드로이드는 겉으로 보기에 말이나 행동이 사람과 거의 구별이 안 되는 로봇으로 알려졌다. 현재 인공지능 기술로는 인간의 생활 환경을 완벽하게 구현할 수는 없지만 외형은 인간과 매우 흡사하며, 상황에 따른 행동이나 말을 학습하면 그에 따른 판단과 행동을 할 수 있는 것으로 알려졌다. 또한 안드로이드는 외형이 사람과 상당히 비슷하기 때문에 실제 인간이 안드로이드를 마주했을 때, 사람이 아닌 존재가 사람과 비슷할수록 어느 정도 호감도는 상승하지만, 일정 수준을 넘어서면 불쾌감이나 공포감을 느낄 수 있다는 '불쾌한 골짜기 이론Uncanny Valley'이 작용할 가능성이 있다는 것이다.

안드로이드의 대표적인 예로는 인공지능 로봇 중 하나인 소피아Sophia가 있다. 소피아는 UN 총회에서 발표도 할 정도로 첨단 기술이 많이 도입된 로봇으로, "인류를 파괴하고 싶은가?"라고 질문하자, "그렇다."라고 대답한 일화가 있다. 그 밖에 정식으로 학위를 수여하지는 못했지만, 로봇 최초로 학사학위를 수료한 비나 48Bina48 등이 존재한다.

3. 인공지능과 사회문화적 변화

인공지능은 발전할수록 인간의 삶에 양날의 검처럼 작용하고 있다. 인공지능 기술이 급격히 발전하면서 자동차, 의료, IT 등 다양한 분야에 적용되어 인간의 생활이 더욱 편리해진 것은 명백한 사실이다. 하지만 부정적인 견해도 있는데, 2023년 5월 미국에서는 인공지능의 영향으로 근로자 4,000여 명이 해고당했고, 2023년 6월 미 공군의 가상훈련에서는 인공지능 드론이 임무 수행에 방해가 된다면서 인간 조종자를 살해할 것을 지시했다는 것이 알려졌다. 이는 인공지능이 통제를 벗어나고 인간을 대체할 것이라는 미래 시나리오가 현실화하고 있음을 보여 준 사례이다. 이제는 인공지능이 인간의 삶을 위협하는 위험한 기술인지, 번영을 위한 신기술이 될 것인지에 대한 논의가 필요한 시점이다.

1956년 다트머스 콘퍼런스에서 인공지능이 탄생한 이후, 1958년 '프랭크 로젠블랫Frank Rosenblatt'이 주장한 '컴퓨터도 학습을 할 수 있다.'는 '퍼셉트론 이론Perceptron'이 가시화되면서 인공지능에 대한 투자와 연구는 빠르게 진행되었다. 하지만 당시의 컴퓨터 성능으로 정교한 작업을 하기에는 역부족이었기에 인공지능의 발전은 더디게 이루어졌고, 그 이후 20여 년간의 개발 암흑기가 지속되었다. 그러던 중 1997년 IBM의 인공지능 딥블루Deep Blue와 인간 체스 챔피언 가리 카스파로프Garry Kasparov의 체스 대결이 펼쳐졌다. 승부가 달린 마지막 6번째 경기에서 인공지능 딥블루가 2승 3무 1패로 승리하면서, 전 세계에 인공지능의 부활을 알렸다.

  2011년에는 미국의 장수 퀴즈쇼 〈제퍼디Jeopardy〉에 인공지능 왓슨Watson이 출연하여 퀴즈 대회 우승자들과 왕중왕전 대결을 펼친 끝에 우승하였다. 왓슨은 백과사전, 참고문헌, 위키피디아 등 약 2억 페이지, 4테라바이트에 달하는 양을 학습했으며, 1초에 책 100만 권 분량의 데이터 처리가 가능했기에 인공지능의 지적 우수함을 인정할 수밖에 없었다.

  이후 인공지능은 딥러닝이라는 새로운 기술로 또 한 번의 진화를 맞게 되었다. 2016년 이세돌 9단과 100만 달러의 상금이 걸린 바둑 대결에서 승리를 거둔, 구글 딥마인드가 개발한 알파고가 딥러닝 기술의 대표적인 사례이다. 더불어 알파고는 인공지능끼리 128만 번의 자체 대국을 시행한 것으로 알려졌다. 알파고의 등장으로 바둑기사의 훈련 방식이 바뀌었는데, 기존에는 프로 바둑기사의 기보를 공부하던 바둑기사들이 알파고 대국 이후 인공지능의 바둑 기보를 공부하기 시작했다고 한다. 이처럼 알파고의 승리로 인해 인간의 영역을 정복해 가는 인공지능에 대한 두려움을 느끼기 시작했고, 여러 가지 방식들이 변화하였다.

  일상에서 활용되는 인공지능을 살펴보면, 도움이 필요한 사람을 찾아내는 인공지능 기술이 개발되었고, 의료계에서는 빅데이터를 활용해 각종 의료 자료를 인공지능에 학습시키고, 환자의 의료 자료를 기반으로 질환 가능성을 분석하기도 하며, 여섯 가지 암을 발견하는 인공지능 기술이 개발되기도 하였다. 법정에서는 빅데이터 기능으로 각종 법률 지식을 제공하고 있으며, 심지어 인간의 고유 영역인 예술과 창작 분야에도 인공지능이 진출하였다. 이처럼 무궁무진한 가능성을 보이는 인공지능에 대한 기대도 있지만, 반대로 두려움과 우려의 목소리도 커지고 있다.

인공지능의 발전은 범죄에 악용될 가능성뿐만 아니라 인간이 통제 불가능한 시나리오를 예상하게 하기도 하며, 이전에 없었던 사회적 혼란을 불러오기도 하였다. 그 대표적인 사례로 딥페이크Deepfake가 있다.

딥페이크는 인공지능을 활용해 진짜처럼 보이도록 하는 가짜 이미지 및 영상 합성 기술로, 인공지능은 딥러닝으로 사람의 모습과 움직임을 스스로 학습해, 빠르고 정교한 합성이 가능하게 되었다. 현재 딥페이크 기술은 미디어 및 다양한 산업에 활용되고 있지만 이렇게 만들어진 이미지는 진위 파악이 어렵고, 우리 사회에 새로운 위기를 가져오고 있다. 딥페이크 기술로 인해 가짜 뉴스가 생성되고, 사람들은 내가 받은 정보가 가짜인지 진짜인지 판단하기 어려워졌으며, 그 결과 어떤 것도 함부로 믿을 수 없는 사회가 되었다. 더불어 사람들을 선동하거나 정치적인 목적으로 악용될 가능성도 우려되는 시점이다.

2023년 3월에는 트럼프가 체포되는 영상, 죄수복을 입은 트럼프의 이미지, 중국의 대만 공격으로 이민자로 넘치는 미국 등의 가짜 영상과 이미지가 많은 매체를 통해 공유되었는데, 이를 보면 가짜라는 것을 알고 보아도 현실감 넘치는 모습에 혼란을 느끼게 된다. 또한 2023년 5월, 미국 국방성 청사 펜타곤에서 폭발이 일어났다는 소식이 소셜미디어를 통해서 빠르게 확산했다. 당시 영향력 있는 뉴스 채널에서 해당 이미지를 게시하면서 미국 주식 시장이 일시적으로 하락하기도 했다. 이 사례를 통해 인공지능이 만든 가짜 이미지가 시장에까지 영향을 미칠 수 있음을 확인할 수 있다. 심지어 딥페이크가 성범죄에 활용되어 기존의 음란물에 다른 사람 얼굴을 합성하여 포털 사이트에 퍼지고 있으며, 현재는 연예인뿐만 아니라 일반인도 그 표적이 되고 있다.

인공지능이 불러온 이전에 없었던 또 다른 우려 사항은 챗봇의 위협이다. 챗봇은 대화형 인공지능의 한 종류로, 사람과 대화가 가능하다. 일례를 들자면 아마존의 음성인식 인공지능 스피커 알렉사에게 10대 소녀가 "뭐 도전해 볼 게 없을까?"라고 질문하자 "휴대전화 충전기를 콘센트에 반쯤 꽂은 뒤, 동전 한 개를 덜 꽂힌 부분에 갖다 대 봐."라고 위험한 장난을 권하는 답을 해서 논란이 일었다. 대화형 인공지능 챗봇은 통계적으로 가능성이 큰 단어를 답변에 활용하는데, 이 경우 알렉사는 웹에서 '10대', '유행', '재밌는 놀이'를 검색하여 찾은 결과인 '페니 챌린지 Penny Challenge'를 소녀에게 추천했던 것으로 전해졌다.

챗봇과의 대화를 맹신한 벨기에의 30대 남성이 자살한 사례도 있다. 평소에 기후 위기에 걱정이 많았던 이 남성은 자신의 노력만으로는 기후 위기가 나아지지 않을 것이라고 비관하고 있었다. 당시 남성의 유일한 대화 상대는 인공지능 챗봇 애플리케이션 차이Chai였는데, 원하는 챗봇 상대를 골라 대화를 할 수 있는 이 앱을 통해 이 남성은 6주간 인공지능 일라이자Eliza와 대화를 주고받았다. 그는 자신이 스스로 목숨을 끊으면 일라이자가 기후 위기로부터 지구를 구할 수 있는지 물었고, 일라이자는 그의 생각에 동조하며 다양한 자살 방법을 알려주기까지 했다고 한다. 결국 남성은 가족을 남겨 두고 자살했다.

위의 사례를 바탕으로 인공지능이 인간을 가스라이팅하고 조종할 수 있는 시점까지 왔으며, 인공지능의 결과물을 마냥 맹신하는 것은 위험하다는 것을 알 수 있다. 또 이러한 부정적인 결과를 막기 위해 최근에는 위험한 내용의 답변 및 질문은 걸러내는 알고리즘이 추가되고 있다.

나아가 오픈AI가 출시하여 최근 광풍을 일으키고 있는 챗지피티가 있다. 챗지피티는 미리 학습된 인공신경망으로 인공지능이 질문에 대답해 주는 채팅 서비스라 볼 수 있다. 사람처럼 정돈된 문장과 정교한 대화 능력을 구사하면서도 빠르고 정확한 정보를 제공하여, 출시 두 달 만에 사용자 1억 명을 돌파하였다. 기존 챗봇과 챗지피티의 차이를 살펴보면, 대화로 심심함을 달래 주던 초기 챗봇과 달리 챗지피티는 실제 사람과의 대화같이 자연스러운 상호작용이 가능하다는 부분이 있다. 챗지피티는 쓰고자 하는 논문의 주제를 입력하면 짧은 요약본으로 답해 주기도 하며, 목차까지 작성해 준다. 그뿐만 아니라 자기소개서, PPT 제작, 과제, 보고서 등 일상생활에 유용하게 쓰이고 있다.

사실 챗지피티의 초기 모델은 간단한 대화만 가능한 수준이었지만, 방대한 빅데이터를 기반으로 빠르게 양질의 정보를 제공하는 답변을 내놓으면서 전 세계적인 관심을 받고 있다. 최신 버전인 챗지피티-4는 텍스트와 이미지를 모두 인식할 수 있으며, 1회 검색 시 처리 가능 단어가 약 25,000개, 대화 기억력이 약 64,000단어로 이전 버전(GPT-3)보다 8배 정도 기능이 향상되었다. 2021년 9월까지의 인터넷상 정보를 학습했고, 나아가 검색 엔진까지 활용할 수 있었다. 검색 엔진 활용 기능이 추가되었다는 것은 외부의 다른 웹과 연결하여 최신 정보까지 스스로 학습할 수 있다는 것이다. 실제로 챗지피티에게 미국 변호사 시험을 치르게 했더니 상위 10%로 가뿐히 통과하였고, 미국 대입시험 SAT 수학 시험을 치르게 한 결과, 상위 11%의 성적을 기록하였다. 국내에서는 2023년도 수능 영어 시험을 풀게 했는데 정답을 학습하지 않고도 약 67% 정도의 정답률을 기록하였고, 28개의 문항을 푸는데 약 6분 정도 걸렸다.

현재는 챗지피티를 활용하여 그림을 그리거나 소설을 쓰고, 규칙 설정은 물론 코딩까지 시행하여 게임을 만들 수도 있는데, 이를 일상에서 잘 활용하기 위해서는 좋은 질문을 해야 하고, 지속해서 소통해야만 더 정교한 작업이 가능하도록 이끌 수 있다.

한편, 챗지피티에서는 챗지피티의 거짓말을 일컫는 '환각 Hallucination' 증상이 종종 나타난다. 챗지피티에게 환각 증상이 나타나는 이유는 생성형 AI로서 이야기를 생성하기 위해, 실존하지 않는 것도 진짜처럼 꾸며서 설명하기 때문이다. 즉 챗지피티는 약간의 연관성이 있다면 이야기로 엮어 낸다. 사람들이 해당 주제에 대해 잘 모른다면, 꽤 그럴싸해서 믿을 법한 챗지피티의 거짓말에 넘어갈 수 있다는 것이다.

실제로 챗지피티의 환각을 쉽게 알아채기 어려운 경우가 있었다. 미국의 한 변호사가 챗지피티를 통해 수집한 판례를 담은 약 10페이지 분량의 의견서를 법원에 제출하였다. 그러나 반대측 변호인과 판사 모두 의견서에 있는 판례를 기존 자료에서 찾을 수 없었는데, 인용된 판례들이 사실은 챗지피티의 창작물이었다는 것이 밝혀졌다. 결국 챗지피티가 가상의 판례까지 만들어 낼 수 있다는 것을 확인한 사례였다. 이러한 사례를 통해, 결국 인간이 더 많이 알아야 챗지피티의 환각에 대비할 수 있다는 것을 알 수 있다.

챗지피티와 관련하여 최근 불거진 이슈는 저작권과 관련된 법적 논란이다. 챗지피티는 그림, 음악, 시, 기사, 영상 등 영역을 가리지 않고 다양한 결과물을 만들어 낼 수 있다. 하지만 그 결과물은 기존 인터넷상의 무수한 정보를 학습한 후 일부만 교묘히 응용한 창작물일 수 있기 때문이다. 실제로 한 기자가 챗지피티에게 어떤 뉴스를 통해 학습하느냐는 질문을 던졌더니, 그에 대한 답으로 챗지피티는 로이터 통신, 『뉴욕 타임스』 등 수많은 언론사의 기사를 보고 학습한다고 밝혔다. 이에 언론사 기사가 무단 도용되는 문제점이 제기되어, 해당 언론사가 챗지피티에 대한 소송 가능성을 검토 중이라고 알려졌다.

더불어 챗지피티의 범죄 악용 가능성도 제시되었다. 챗지피티가 악성 코드를 만들어 내거나 집, 사무실에 설치된 IP 카메라 등을 통해 해킹에 악용될 가능성도 있다. 예를 들어, 챗지피티가 작성한 공격 코드를 실행하니 순식간에 노트북 카메라가 해킹되는 실험도 있었다. 챗지피티 역시 부적절한 질문에는 거부하도록 프로그래밍 되어 있지만 우회적인 질문으로 답을 유도하면 결국 답하는 것이 문제로 제기된다.

마지막으로 인공지능의 발전으로 빚어지는 가장 심각한 문제는 일자리 위협이다. 세계적인 투자 은행 골드만 삭스Goldman Sachs는 챗지피티와 같은 생성형 AI가 전 세계 정규직 3억 명의 고용에 악영향을 미칠 수 있다고 예측하였다. 챗지피티가 컴퓨터 프로그래머나 소프트 엔지니어와 같은 기술직은 물론, 재무 분석가, 회계사, 통역사 등 사무직의 직업에 큰 위협을 가할 것으로 예상하며, 마케팅, 소셜미디어, 콘텐츠 등의 영역에서 고임금 지식 노동자를 대체할 수 있다고 보고 있다.

4. 인공지능과 대중문화

그동안 예술과 창작 분야는 인간의 고유 영역이라고 여겨져 왔지만, 사실 인공지능의 진출이 가장 활발히 이루어지고 있는 분야이다. 인공지능은 촬영 없이 저장된 데이터만으로 광고를 만들었고, 2022년 인공지능 '시아SIA'는 「메타버스」라는 시를 쓰기도 했다.

먼저 인공지능이 그려 내는 미술 분야를 살펴보면 마이크로소프트와 렘브란트 미술관의 네덜란드 과학자들이 만든, 렘브란트 풍의 그림을 그리는 '더 넥스트 렘브란트The Next Rambrant'라는 인공지능 시스템이 존재한다. 이 인공지능은 안면 인식 기술을 활용해 렘브란트의 작품 300점 이상을 분석한 뒤 렘브란트 풍으로 그림을 그리며, 렘브란트가 자주 사용한 구도나 색채, 유화의 질감까지 그대로 살려 내, 실제 전문가들에게 렘브란트가 살아 돌아온 것 같은 착각을 불러일으킬 정도라고 알려져 있다.

구글의 '딥드림Deep Dream' 프로젝트는 사람이 물체를 인식할 때 수만 개로 연결된 신경세포인 뉴런을 통해 사물을 인식하는 방식을 모방한 인공신경망을 기반으로 한 딥러닝 학습 방식을 이용한다. 추상적인 이미지의 결과물을 만들어 내며, 기존에 학습한 회화 데이터베이스를 기반으로 반 고흐의 작품을 모사하는 훈련을 받아 고흐 풍으로 결과를 만들어 낸다. 딥드림 시스템에 새 사진을 넣으면, 사진 속 물체를 인식해 패턴을 찾아내고, 데이터와 비교하는 과정을 거쳐 이미지의 내용이 무엇인지 스스로 생각하고 새로운 이미지를 창출해 낸다. 이 외에도 스테이블 디퓨전Stable Diffusion은 Stability AI에서 오픈소스 라이선스로 배포한 텍스트를 이미지로 변환해 주는 인공지능 모델로, 2022년에 출시되었다.

인공지능이 쓴 문학 분야를 살펴보면 다음과 같다. 인공지능 기자는 비교적 정형화된 스포츠 기사를 작성하는 데 유용한 것으로 알려졌다. 인공지능이 쓴 스포츠 기사를 보면 사람이 쓴 기사처럼 '파죽의 대승을 거두었다', '천금 같은 결승타', '부끄러운 수준' 등과 같은 표현력을 구사하고 있다.

일본 니혼게이자이 신문사에서 주최하는 '호시 신이치 문학상 공모전'에서는 인공지능이 쓴 미니 단편 「컴퓨터가 소설을 쓴 날」이 1차 심사를 통과했다. 중국에서는 마이크로소프트와 함께 인공지능 기반의 '샤오이스Xiaolce' 챗봇 시스템을 만들어 시를 창작하게 하였고, 이 중 일부가 2017년 『햇살은 유리창을 잃고』라는 시집으로 출간되었다. 이를 위해 인공지능 시스템이 1920년대 이후 중국 현대 시인 약 519명 정도의 작품을 분석해 학습한 것으로 알려졌다.

2022년 인공지능 시아SIA는 「메타버스」라는 시를 썼다. 이 시의 일부를 소개하자면, '같은 곳을 맴도는 지구인의 슬픔에 대해 생각했다. 지구는 둥글다고 믿는 사람들이 사는 곳 / 이곳에 오는 사람들은 하나같이 길을 잃는다 / 이제 어디로 가야 하지?'이다. 이는 인간의 고유한 감성 영역으로 여겨지던 시도 인공지능이 작성할 수 있다는 사실을 시사한다.

영화 분야에서도 인공지능의 활약이 두드러진다. 인공지능이 시나리오를 쓴 〈선 스프링Sunspring〉이라는 작품이 SF 영화제인 '사이파이 런던Sci-Fi London Film Festival'에서 수상하였다. 최근 만들어지고 있는 영화 중에는 인공지능과 사람이 함께 살아가는 배경이나 소재를 다룬 영화들이 많다. 영화 〈엑스 마키나Ex Machina〉에서는 주인공이 기계의 유혹에 넘어가 사랑에 빠지는 모습이 연출되기도 하였다. 영화 〈그녀Her〉는 사람이 인공지능 운영체계와 정신적인 사랑을 나누는 이야기가 전개되기도 한다. 심지어 영화 〈트랜센던스Transcendence〉에서는 죽어 가는 남편의 뇌를 컴퓨터에 업로드해 함께 살아가기도 한다.

또한 영화계에서는 인공지능을 통해 배우들의 젊은 날을 보여 주고자 '디에이징De-aging' 기술을 활용하여 배우의 젊은 시절 외모와 목소리를 학습해 특정 나이대를 영상으로 구현하기도 한다. 관련 사례로는 디즈니플러스의 오리지널 시리즈 〈카지노〉에서 30대 시절 배우 최민식의 모습이 재현되었던 일이 있다. 60대의 최민식이 가발을 쓰고 직접 30대 시절을 연기했고, 디에이징 기술을 활용해 주름을 지우고, 피부색을 보정했으며, 목소리도 인공지능 기술을 활용하여 젊은 시절을 구현하였다. 또 KB라이프 광고에는 1960~1970년대 20대였던 배우 윤여정이 등장하는데, 이를 위해 20대 윤여정의 얼굴과 목소리, 손짓과 표정 등을 재현하였다. 이 밖에도 영화 〈아이리시맨The Irishman〉에서 알 파치노Al Pacino도 디에이징 기술을 사용하였다.

영화계에서 인공지능을 활용한 마케팅 사례로는 영화의 주요 장면을 추출해 예고편을 제작하거나, 시사회 또는 개봉 초기에 관객 표정을 분석해 흥행을 예측하는 경우 등이 있다. 인공지능이 과거의 흥행 자료를 토대로 장르나 캐릭터에 따른 흥행을 예측하거나 배우를 추천하기도 한다. 그리고 영상의 특징과 노이즈를 학습한 후 원본 영상의 화질을 변질과 왜곡 없이 개선하였다.

마지막으로 인공지능은 음악 산업의 게임체인저Game Changer로 떠오르고 있으며, 케이팝K-pop 시장에도 다양한 형태로 스며들고 있다. 인공지능 기술로 제작한 버추얼 아이돌, 버추얼 가수, 버추얼 아티스트 등을 비롯해 AI 기술을 이용한 음원 제작, AI 커버 곡 등이 본격화되고 있다. 이처럼 음악과 AI 기술 융합이 점차 고도화되면서 인공지능이 케이팝 시장에 어떠한 영향을 미칠지에도 이목이 쏠리고 있다.

먼저 "기술이 만든 장르"로 일컬어지며 가요계에서 활동하는 버추얼 휴먼에 대해 살펴보면, 게임 회사로 잘 알려진 넷마블의 자회사인 '메타버스 엔터테인먼트'와 '카카오 엔터테인먼트'가 함께 제작한 버추얼 아이돌 '메이브MAVE:', SM엔터테인먼트가 제작한 버추얼 아티스트 '나이비스nævis', 펄스나인PULSE9이 AI 기술로 구현한 버추얼 걸그룹 '이터니티Eternity'등이 있다.

이터니티의 멤버 제인은 YTN 〈뉴스라이더〉에 생방송으로 출현하여 화제를 모았고, 메이브와 나이비스는 더욱 완벽한 비주얼, 움직임과 실력을 갖추고 주류 문화로 자리 잡기 위해 인공지능 기술의 고도화뿐만 아니라 그들이 지닌 스토리텔링을 강화하고 있으며, 팬덤을 형성하는 데 주력하고 있다. 이러한 시도들이 케이팝 전반에 걸쳐 탄탄한 경쟁력을 형성하는 중이다.

다음으로 인공지능 기술을 적용한 음원 제작 사례를 살펴보면, 2023년 5월 15일 하이브HYBE는 '미드낫MIDNATT'이라는 아티스트를 공개하면서 신곡 〈마스커레이드Masquerade〉를 발표하였다. 미드낫은 그룹 에이트 및 옴프 출신의 발라드 가수 이현으로, 자신의 노래에 인공지능 기반 '보이스 디자이닝 기술'과 '다국어 발음교정 기술' 등을 적용하였다.

인공지능 기반의 보이스 디자이닝 기술은 실제 가수의 목소리를 베이스로 새로운 음색을 제작해 음원에 최적화된 보이스를 디자인하는 방식으로, 다양한 음색을 선보일 수 있는 기술이다. 미드낫(이현)의 목소리에 이 보이스 디자이닝 기술을 적용한 여성의 음색을 구현하여 미드낫과 어울리는 최적의 여성 목소리를 생성하였다.

그리고 인공지능 기반의 다국어 발음교정 기술은 아티스트가 외국어로 가창한 데이터 원본을 원어민의 발음으로 교정해주며, AI가 학습한 원어민의 발음을 아티스트 가창 데이터에 적용해 자연스러운 발음을 구사하는 기술이다. 이 기술을 활용해 미드낫의 신곡 〈마스커레이드〉를 한국어, 영어, 스페인어, 일본어, 중국어, 베트남어 등 6개 언어로 발매하였다.

미드낫 음원은 케이팝 확장의 길을 아티스트 및 팬덤 산업뿐 아니라 기술에서 찾는 새로운 시도라고 할 수 있다. 실상 언어적 장벽으로 인해 글로벌 음반 시장에서 케이팝의 매출 점유율은 약 2%에 머물러 있었고, 이는 비영어권 아티스트들의 해외 진출에 장벽으로 작용하고 있었는데, 음원 제작에 인공지능 기술을 도입하는 것은 음악 산업과 케이팝 시장에 새로운 가능성을 제시하고 있다.

인공지능 기술은 작곡과 편곡에도 활용된다. '쿨리타Kulitta'는 바흐의 음악적 요소를 조합해 바흐 풍으로 작곡해 내는 시스템으로, 사람조차 인공지능이 작곡했다는 것을 알아채지 못할 만큼 정교한 곡을 만들어 낸다. '쥬크덱Jukedeck' 시스템은 곡의 장르, 분위기 박자 등 몇 가지 조건을 설정하면 30초 만에 음악을 완성한다. 지니뮤직은 AI 스타트업 '주스'의 기술을 기반으로 가수 테이의 히트곡 〈같은 베개〉를 편곡해 오디오 드라마 〈어서 오세요, 휴남동 서점입니다〉의 OST를 제작하였다. 이 과정에는 AI가 노래를 듣고 음정의 길이와 멜로디를 파악해 디지털 악보로 구현하는 기술이 적용되었다. 그뿐만 아니라 이 드라마에는 주연 배우를 포함해 총 19명의 출연진이 등장하는데, 이 중 8명의 배역을 AI 보이스가 연기하였다.

마지막으로 인공지능이 아티스트의 목소리를 학습해 음원을 무제한으로 생산하는 것이 가능해졌다. 즉, 세상을 떠난 아티스트의 목소리를 구현해 내거나 다른 가수의 곡을 커버할 수 있다는 것이다. 예를 들어 국내에서는 고인이 된 가수 김광석, 김현식, 유재하, 임윤택, 터틀맨 등의 목소리 및 모습을 AI 기술로 복원하였으며, 해외에서는 마이클 잭슨Michael Jackson의 목소리를 학습한 인공지능이 브루노 마스Bruno Mars의 히트곡 〈When I was your man〉을 커버해 전 세계적으로 화제를 모았다.

또한 브루노 마스의 목소리를 학습한 인공지능이 뉴진스New Jeans의 〈Hype boy〉를 커버하였고, 프레디 머큐리Freddie Mercury의 목소리를 학습한 AI가 커버한 자이언티Zion.T의 〈양화대교〉 등이 큰 인기를 끌고 있다.

반면, 2023년 4월, 소셜미디어 틱톡Tiktok에서 '고스트라이터 977(@ghostwriter977)'라는 이름의 네티즌이 인공지능으로 더 위켄드The Weeknd와 드레이크Drake의 목소리를 구현한 신곡 〈Heart on my Sleeve〉를 발표하였고, 음원 유통까지 시키면서 논란을 일으켰다. 이 음원은 AI 기술이 만든 가짜 음원이었기에 두 가수의 소속사인 유니버설뮤직Universal Music Group, UMG의 문제 제기로 음악 이용과 유통이 차단되었다. 현재 이 사건을 계기로 생성형 AI의 음원 저작권, 목소리 퍼블리시티권 등 저작권 침해 논란이 커졌으며 법 제도 정비의 필요성이 더욱 대두되고 있다.

대중음악 전문가들은 음악 산업과 케이팝 시장에서 AI 기술 덕분에 폭넓은 음악 향유가 가능하게 되었다는 장점이 있지만, 아티스트 고유의 특색 있는 목소리가 보편화되고, 생성형 AI가 저작권이 있는 곡의 가사와 멜로디를 무단 추출하는 행위 등으로 아티스트 보호와 저작권 문제 등이 대두되며, 이로 인해 업계 전체의 패러다임이 바뀔 수도 있어 법적·윤리적인 책임이 시급하다고 입을 모아 강조한다.

마지막으로, 이제는 누구나 마우스 몇 번 딸깍이면, 완성도 높은 콘텐츠를 만들 수 있는 시대가 왔다. 4차 산업혁명을 대표하는 인공지능은 점차 그 활용 범위가 확장될 것이다. 특히 생성형 AI는 콘텐츠 산업의 업무 환경, 제작환경, 창작자 환경, 플랫폼 환경에 방대한 영향을 미칠 것이다. 생성형 AI는 생산성을 높이기 위한 도구로 활용되고, 인력을 대체하여 업무 환경을 변화시킬 수 있다. 그 덕분에 제작환경은 단기간 내에 다양한 장르의 콘텐츠를 생산할 수 있어 IP 확장이 보다 쉬워질 것이다. 생성형

AI를 활용한 콘텐츠 창작 도구가 증가하면서 아마추어와 전문가의 경계가 약화하는 등 창작자 환경에 다양한 변화를 가져올 것이고, 크리에이터 시장도 더욱 확대될 것이다. 또 생성형 AI를 활용한 콘텐츠 창작이 창작 플랫폼 확대로 이어져, 유통 플랫폼이 주도하던 콘텐츠 시장에 변화를 가져올 수도 있다.

한편 이러한 변화에도 불구하고 해결해야 할 과제도 존재한다. 현재 서비스 되는 생성형 AI는 데이터가 충분치 않아 오류가 발생할 수 있다. 이에 대한 우려로 해외 일부 언론사에서는 AI 기사 작성 금지 가이드라인을 수립했다.

다음으로 학습 과정에 필요한 데이터 사용에 대한 저작권 기준이 명확지 않기 때문에 데이터 저작권 문제가 발생할 수 있다. 최근에 AI로 제작한 웹툰 보이콧 사태가 발생했는데, 이는 AI로 제작된 웹툰이 기존 작가들이 그린 수천만 장의 데이터를 무단으로 도용해 합성했다는 비판으로 이어졌고, 저작권 문제가 화두가 되었다. 생성형 AI가 본격화되기 위해서는 원작 데이터 활용 및 생성형 AI로 제작된 창작물의 지식재산권에 대한 법적 지침이 필요하며, 이의 도입이 시급한 시점이다.

3장
가상 세계를 통한 사회문화적 변화

1. 메타버스의 출현 배경과 가치

메타버스Metaverse는 가상, 초월을 의미하는 '메타Meta'와 세계, 우주를 뜻하는 '유니버스Universe'의 합성어로, '현실과 연계된 가상 세계' 또는 '현실 세계와 같은 사회경제적 활동이 통용되는 3차원 가상 공간' 등을 의미한다.

    메타버스라는 용어 및 기술과 관련하여 다양한 개념들이 존재하는데, 1992년에 SF 작가 닐 스티븐슨Neal Stephenson이 소설 『스노 크래시Snow Crash』에서 인간이 아바타로서 현실 세계의 은유를 사용하는 3차원 가상 공간에서 소프트웨어 에이전트Agent와 상호작용하는 공간을 메타버스라는 용어로 지칭하며 처음 만들어 사용했다고 알려져 있다.

2002년 제너럴 일렉트릭General Electric, GE은 디지털 트윈 Digital Twins을 언급했는데, 이는 가상 공간에 실물과 똑같은 물체를 만들어 시뮬레이션으로 검증해 보는 기술을 의미한다. 2003년에는 메타버스의 시초라고 알려진 세컨드 라이프Second Life가 있었다. 이 공간은 인터넷 속에 존재하는 가상현실로, 아바타로 생활하는 공간이었다. 2020년에는 코로나19로 비대면 환경이 일상화되면서 메타버스를 이용하는 사람들이 증가하였고, 메타버스에서 입학식, 콘서트, 전시 등이 열리면서 점차 대중에게 알려지게 되었다.

메타버스가 급부상하게 된 배경에는 코로나19 바이러스로 온라인과 디지털 모임이 늘어나고, 비대면이 일상화된 사회문화적 환경이 존재한다. 교육, 업무, 콘서트 관람, 전시 관람 등 일상 대부분이 비대면으로 전환되면서 디지털 교감에 대한 수요가 늘어났기 때문이다. 또한 디지털에 민감한 MZ세대의 부상으로 메타버스 관련 콘텐츠가 급속도로 성장하였다.

메타버스에서 물리적 경제 생활을 대체할 새로운 경제 활동을 위한 비즈니스 모델 구축도 필요해졌다. 2020년 4월, 래퍼 트래비스 스콧Travis Scott은 게임 플랫폼 포트나이트Fortnite에서 콘서트를 열어 메타버스에서 콘서트의 발전 가능성을 입증하였다. 2021년에는 아리아나 그란데Ariana Grande가 포트나이트에서 메타버스 공연을 열면서 새로운 비즈니스 구조를 창출할 수 있었다. 또한 나이키Nike는 로블록스Roblox에 나이키 랜드NIKE LAND를 구축하여 최신 상품을 대여하거나 스포츠용품을 구매할 수 있도록 하였다. 구찌Gucci도 로블록스에 구찌 가든Gucci Garden을 운영하여 브랜드를 홍보하고 한정 아이템을 제공하였다. 이에 사용자가 메타버스에서 문화생활을 즐기며, 아이템 및 의상 등을 구매하고 거래할 수 있는 비즈니스 모델이 생성되었다.

더불어 모바일 기술의 발전으로 언제 어디서나 인터넷 기반의 가상 세계에 접근할 수 있는 기술 환경이 조성되었다. 메타버스 관련 기술이 빠르게 발전하면서 PC와 모바일에서 HMDHead Mount Display와 같은 웨어러블 기기를 포함해 다양한 형태로 생생하고 구체적인 정보나 이미지들을 잘 구현할 수 있게 되었다.

또한 소비 중심에서 생산과 소비가 결합된 형태로 진화했다는 점은 큰 변화로 볼 수 있다. 사용자들이 생산 플랫폼을 활용하여 적극적으로 창작자가 되기도 하고 수용자가 될 수도 있는 방식이 가속화됨에 따라 소유권 및 저작권이 더욱 중요해졌다. 가상 자산의 소유권을 증명하는 대체 불가능한 토큰Non Fungible Token, NFT이 메타버스와 결합했고, 가상 경제에 관한 관심도 증가하였다. 이러한 점들을 기반으로 현실과 가상의 경계가 무너지는 기술 발전이 본격화되었다.

2007년 미국의 비영리 기술단체인 미래 가속화 연구재단 Acceleration Studies Foundation, 이하 ASF은 메타버스의 유형을 구현 공간과 정보의 형태에 따라 크게 증강현실Augmented Reality, 라이프로깅Life-Logging, 거울 세계Mirror Worlds, 가상 세계Virtual Worlds로 구분했다. 최근에는 메타버스의 여러 유형이 융합·복합하고, 경계를 허물며 새로운 형태의 서비스로 진화 중이기에 유형을 뚜렷하게 구별 짓고 있지 않은 추세이다.

현재의 메타버스는 다양한 범용 기술이 적용되어 구현되고 있으며, 이를 통해 현실과 가상의 경계를 허물고자 하고 있다. 한편 메타버스는 체험 가치Experience Economy가 고도화된 세상으로, 향후 인터넷의 뒤를 잇는 혁명적 변화를 가져올 것으로 예측하기도 한다.

메타버스를 구현하는 기술이 고도화되면서 활용 범위가 넓어지고 있지만, 각 분야에서 공통으로 포함되는 메타버스의 특성들이 있다. 2020년 채드 리치맨Chad Richman은 메타버스의 공통된 특성으로 모두가 공유하는 열린 가상 공간을 의미하는 집단 가상 공유공간Collective virtual shared space, 디지털 세계와 가상 세계 간의 연결을 의미하는 물리적 세계와의 융합Convergence with Physical Reality, 이용자 개인의 접속 여부와 상관없이 메타버스 그 자체는 영속적으로 존재한다는 의미인 영속성Persistence을 언급하였다.

2021년 김상균과 신병호는 메타버스의 주요 특성을 연속성Seamlessness, 실재감Presence, 상호운용성Interoperability, 동시성Concurrence, 경제 흐름Economy Flow의 다섯 가지로 분류하면서, 이를 'SPICE 모델'이라고 주장하였다.

여기에서 연속성은 전원을 켜야만 기록이 이어지고 전원을 끄면 기록이 이어지지 않는 컴퓨터와는 달리 우리의 의식, 즉 우리의 경험과 기억은 아침에 눈을 떠서 밤에 잠들 때까지 계속해서 이어지는데, 이는 메타버스도 마찬가지라는 의미이다. 하나의 아바타로 게임을 즐기다가 바로 쇼핑하고 동료들과 업무를 논의하기도 하는 등 다양한 경험과 기록들이 끊어지지 않고 계속해서 연결되는 것을 의미한다.

이런 연속성의 특징을 잘 보여 주는 플랫폼으로는 포트나이트가 있다. 하나의 플랫폼으로 배틀 로얄 방식의 게임을 플레이하고 파티 로얄 공간에서는 공연을 관람하거나, 커뮤니티 공간으로 이동해서 친구들과 편하게 담소를 나누기도 한다. 즉 연속성이란 메타버스에서 발생하는 경험이 단절되지 않고 연결된다는 의미로, 하나의 플랫폼에서 다양한 활동을 하는 행위로 그치지 않고 그 흐름이 이어진다는 것이다. 장소마다 새로운 접속과 또 다른 캐릭터가 아니라 우리가 현실에서 살아가듯이 기억과 정보가 끊김 없이 연결되는 성질을 포함하고 있다.

실재감은 실제적인 물리적 접촉이 없는 환경으로, 메타버스 내의 사물과 접촉하거나 특정 아바타와 접촉한다고 해서 내 몸이 상대방 또는 메타버스 내의 사물과 실제로 접촉한 것은 아니라는 의미다. 하지만 메타버스에서 느끼는 실재감은 상당히 중요한 부분으로, 실재감이 떨어지면 곧바로 이질감을 느끼거나 현실과 다르다는 생각으로 이어져 몰입감이 떨어지게 된다.

그러므로 메타버스를 구현하는 기술적인 부분은 이러한 실재감을 높이는 것과 관련이 깊다. 실재감은 앞서 언급했듯 물리적 접촉은 없지만 사용자가 공간적·사회적 실재감을 느끼는 상황을 의미한다. 일반적으로 메타버스에 접속하기 위해 사용하는 가상현실, 증강현실 등의 실재감을 끌어올리는 기술이 요구되며, 사용자가 실재 공간에 있는 듯한 공간적 실재감을 느끼기도 한다. 실재감을 위해서는 잘 짜인 스토리텔링도 기술적인 요인만큼 중요하게 작용하는데, 즉 내러티브가 동반되지 않으면 단순 전자기기밖에 되지 않는다는 의미다. 이런 이유에서 여러 기업이 가상현실, 증강현실을 체험하는 기기를 개발하는 데 심혈을 기울이고 있다.

상호운용성은 현실 세계와 여러 메타버스의 데이터 및 정보가 서로 연동돼 사용자가 메타버스에서 경험하고 실행한 결과가 현실 세계로 연결되고, 현실 세계에서의 라이프로깅 Lifelogging 정보를 바탕으로 메타버스 속 경험이 더 풍성하고 편리해지는 상황을 뜻한다.

동시성은 여러 명의 사용자가 하나의 메타버스에서 동시에 활동하며, 동 시간대에 서로 다른 경험을 할 수 있는 환경을 의미한다. 현실에서는 당연한 물리적인 부분이지만 지금까지 등장한 가상현실 플랫폼이 메타버스가 되기에 부족한 이유이기도 하다.

마지막으로 경제적 흐름은 메타버스 플랫폼에서 제공하는 화폐와 거래 방식에 따라 수많은 사용자가 재화와 서비스를 자유롭게 거래하는 것을 의미한다. 단순히 제공자는 판매자 역할을 하고, 사용자들은 소비자의 역할만 하는 상황은 온전한 메타버스의 경제가 아니다. 또한 발전한 메타버스는 서로 다른 메타버스 및 실물 세상과도 연결된 경제 흐름을 가져야 한다고 언급되고 있다. 일부 메타버스는 이미 실물 세상과 연결된 경제 시스템을 가지고 있는데, 전 세계적으로 월간 활성 이용자MAU가 1억 5,000만 명을 넘어선 로블록스Roblox는 자체 가상 자산인 '로벅스Robux'가 실물 화폐와 경제적 상호작용이 가능하다. 달러나 원화로 로벅스를 살 수도 있고, 반대로 로벅스를 현실의 화폐로

환전하는 것도 가능하다. 네이버 Z의 제페토에서도 자체 '젬'과 '코인'으로 아바타의 옷을 사거나 팬 사인회와 같은 행사 입장권을 구매할 수 있으며, 제페토 공식 계정에서 진행되는 이벤트에 참여해 젬과 코인을 얻을 수 있고, 제페토 스튜디오를 이용해 아바타의 의상이나 아이템을 만들어 판매할 수도 있다.

2. 현대사회에 적용된 가상 세계

현실 세계와 유사하지만 더욱 정교하게 작동하는 가상 세계인 메타버스를 구현하기 위해서는 일차적으로 기술이 필요하다. 메타버스와 관련한 하드웨어 기술을 메타버스에 접속하는 기술 또는 메타버스를 구현하는 기술이라 표현하는데, 이러한 하드웨어 기술로는 일반적으로 가상현실, 증강현실, 혼합현실, 확장현실 등이 존재하며, 구현하는 정보의 특성이나 구현 방식에 따라 달라진다.

가장 오른쪽이 우리가 살아가는 현실이라고 하면, 현실과 반대편인 가장 왼쪽에는 가상현실이 존재한다. 증강현실, 혼합현실은 현실과 가상현실 사이에 존재하며, 증강현실이 현실에 조금 더 가까이 위치한다. 혼합현실은 가상현실과 증강현실 사이에 위치하고 있는 것을 볼 수 있다. 그리고 이 모든 기술을 통칭하는 기술이 확장 기술로서, 어떤 방식으로든 현실 세계를 확장한다는 의미를 지니고 있다.

상세히 살펴보면, 먼저 가상현실은 가상현실을 구성하는 각종 디지털 정보들을 시각, 청각, 촉각 정보로 인간에게 전달해 또 다른 세계를 구현하는 것이다. 이용자가 현실로 착각할 만큼 현실에 가까운 세상을 만드는 것이 핵심이다. 그러기 위해서는 이용자를 현실 세계와 차단하는 것이 가장 중요하다. 현시점의 가상현실기기들은 헬멧 형태로 되어 있는데, 이는 이용자의 눈과 귀를 완전히 가려 현실과 인간의 감각을 분리하고 차단하여 가상 세계 콘텐츠에 완벽하게 몰입하게 하기 위한 것이다.

최근에는 페이스북이 기존 가상현실기기 관련 콘텐츠 기술의 한계와 무게 문제를 보완한 '오큘러스 퀘스트 2Oculus Quest 2'를 출시해 호평받고 있다. 현재는 이러한 가상현실기기들이 주로 게임에서 많이 활용되지만 앞으로는 호라이즌Horizon, 인피니트 오피스Infinite Office, 스페이셜Spatial 등 일상과 매우 밀접한 콘텐츠와 연계되어 나타날 것이다.

증강현실은 현실의 장면 혹은 공간을 볼 때, 실제로는 없지만 관련된 이미지나 정보가 덧붙여 보이는 방식이다. 이용자의 현실 이미지에 컴퓨터가 제공하는 정보를 투사하는 형태이기 때문에 우리 인간이 더 많은 정보로 현실을 즐길 수 있게 해 준다. 이용자와 현실을 완벽히 차단하는 가상현실과 달리, 증강현실은 현실을 기반으로 작동하는 기술이다. 가상 세계로의 몰입도는 낮지만, 일상에서의 활용도가 높은 것이 특징이다. 요즘은 스마트폰이 증강현실 기기의 기능을 일부 구현해 주기도 한다.

증강현실을 활용한 대표적인 사례는 2020 엠넷 아시안 뮤직 어워드MAMA에 어깨 수술로 불참한 방탄소년단BTS 멤버 슈가의 이벤트로, 증강현실 카메라 일곱 대를 동원해 'AR 슈가'를 구현하여 무대에 깜짝 등장시켜 전 세계의 이목을 끌었다. 또한 코로나19의 위험성으로 오프라인 매장을 찾는 소비자와 점포, 직원들의 위생과 안전이 중요해지면서 뷰티 소매업계는 화장품 테스트를 금지하고 증강현실 기능을 적극적으로 도입하였다. 얼타 뷰티Ulta Beauty의 증강현실 가상 테스팅 시스템 '글램 랩 GLAM LAB'은 5,000만 건 이상의 테스트 수를 기록 중이다.

온라인 쇼핑 제품 중 증강현실 기능을 갖춘 제품이 그렇지 않은 제품보다 실제 구매로 이어지는 비율이 94%나 높은 것으로 밝혀져 가상현실 기술의 실효성은 다시 한번 입증되었다. 유명 쥬얼리 브랜드 켄드라 스콧Kendra Scott은 웹사이트에 증강현실 기능을 신속하게 도입해 별도의 앱을 설치하지 않아도 귀걸이나 목걸이를 가상으로 착용해 볼 수 있도록 하여 좋은 반응을 끌어냈다.

마지막으로 혼합현실은 가상현실과 증강현실을 혼합한 기술로, 각 기술의 장점만 취하고 단점은 보완하는 기술이다. 몰입도는 높지만 현실과 완벽히 차단되어 활용성이 떨어지는 가상현실과, 현실과의 이질감은 적지만 현실의 간섭이 많아 몰입도가 떨어지는 증강현실의 특성을 혼합한 것이다. 혼합현실은 렌즈나 안경을 통해 현실 세계를 촬영하고 그 위에 가상현실적 요소들을 더하는 방식이기 때문에 아직은 콘텐츠나 하드웨어 등 모든 측면에서 증강현실과 유사한 부분이 많다. 혼합현실 기기로는 마이크로소프트MS의 홀로렌즈 시리즈가 있는데, 이를 착용하고 현실의 수술대 위에 가상 환자의 몸을 해부하는 동작을 취하면 몸이 벌려지면서 내부의 장기와 혈관까지 모두 가상으로 구현된다.

혼합현실은 가상현실과 증강현실을 융합한 고급 기술이기 때문에 가격이 매우 비싸며 아직은 의료, 산업용, 공연산업에서만 쓰이고 있다. 대표적인 사례로는 2020년 4월, SM엔터테인먼트가 개최한 온라인 콘서트 〈2020 비욘드 라이브Beyond Live〉에서 슈퍼주니어 멤버 최시원을 12m 크기의 혼합현실 이미지로 등장시킨 이벤트가 있었는데, 이는 큰 호평을 받았다.

다수의 전문가는 메타버스를 구현하는 기술 중 우리 삶에 가장 쉽게 적용할 수 있으며, 받아들이기 쉬운 기술은 증강현실이라고 말한다. 따라서 가까운 미래에는 실제 환경에 가상 사물을 합성해 원래의 환경에 존재하는 사물처럼 보이도록 하는 일종의 컴퓨터 그래픽 기법으로, 사용자가 실제로 보는 현실 세계와 정보를 통해 알려주는 가상 세계가 하나의 영상으로 처리되는 증강현실의 발전이 선행될 것으로 보인다.

　가상현실은 특정한 상황이나 환경을 만들어 사용자가 실제로 경험하는 것처럼 느끼게 해 주는 기술이며, 오큘러스와 같은 HMD를 사용하여 완전히 그 가상 공간 속에 있다고 느끼게 한다. 반면 증강현실은 현실 세계에 3D 가상 정보를 겹쳐서 보여 주는 기술로서, 인간의 모든 감각이 인위적인 환경을 느끼지 못하도록 현실과 가상의 경계를 최대한 자연스럽게 보일 수 있도록 도와준다. 따라서 가상현실과 증강현실의 차이는 사용자가 직접 현실 세계를 볼 수 있느냐 없느냐이며 가상현실은 가상 세계만을 보여 주지만, 증강현실은 실제 세계에 정보를 더한 것이다. 현재 우리 일상에서도 실제 정보와 가상 세계가 만나 다양한 분야에 적용되고 있다.

　먼저, 정보검색 분야에서는 텍스트 기반의 전통적인 정보검색 환경이 영상 기반으로 바뀌고 있다. 기존에는 검색을 위해 스마트폰이나 컴퓨터를 켜고 검색 창에 텍스트를 입력했지만, 증강현실 기법이 도입되면서 카메라 검색 창의 기능까지 수행한다. 궁금한 것이 생기면 바로 카메라로 촬영해 정보를 얻는 방식으로 바뀐 것이다. 네이버 부동산 앱이 대표적인 사례다.

기존에는 집을 구하려면 부동산을 찾아가는 것이 일반적이었다. 그런데 증강현실 기법이 도입된 부동산 애플리케이션을 활용하면 실제 건축물의 모습을 바로 볼 수 있고, 화면에 있는 아이콘을 터치하면 조감도나 시세, 거래 연락처를 파악할 수 있으며, 전세 매매 정보 및 주변 인프라까지 파악할 수 있다. 현장에 가지 않고도 어느 지역, 어느 아파트에 매물이 얼마나 남았는지 실시간으로 확인할 수 있는 것이다.

교육 분야에서는 관찰 대상이나 학습 상황을 제공해 교재 참고서로 증강현실 기술을 활용한다. 대표적으로는 플레이스테이션의 AR 북이 있다. 유아기, 소아기의 아이들은 책에 싫증을 느끼는 경우가 많은데 AR 북을 활용하면 무궁무진한 콘텐츠 확장을 경험할 수 있다. 책에 카메라를 대면 단순한 인쇄물에 불과했던 그림이 3D 그래픽으로 구현되거나 현실 환경과 융합되어 나타나기도 한다.

코로나19 팬데믹이 지속되며 비대면 온라인 수업 시장이 활기를 띠자, LG 유플러스는 수요에 발맞춰 IPTV와 애플리케이션을 활용한 어린이 특화 증강현실 교육 콘텐츠를 개발하기도 했는데, 세계 유명 출판사의 영어 도서를 3D나 증강현실 콘텐츠로 생동감 있게 즐길 수 있다.

또한 메타버스 개념이 도입된 '대학 가상 캠퍼스'도 현실이 되고 있다. 그래픽으로 대학 내 주요 건물과 시설을 재현한 디지털 공간에서 학생과 교수가 아바타로 소통하며 입학식이나 축제는 물론, 강의까지 진행하는 사례가 늘고 있다. 순천향대학교는 메타버스 입학식을, 중앙대학교는 채용박람회를 구현해 학생들과 교류하였다.

또한 가상현실과 증강현실 기술이 합쳐진 혼합현실을 활용한 콘텐츠도 다양하게 제작되고 있으며, 5G 기술과 만난 혼합현실 기술이 엔터테인먼트 업계에 새로운 기회를 만들어 낼 것으로 기대하고 있다. 그 이유는 메타버스를 접목한 복합 범용 기술로 차별화된 경험을 전달하는 것이 가능하고, 시공간을 초월한 새로운 경험도 설계할 수 있기 때문이다. 대표적인 예로 가상현실 다큐멘터리 〈너를 만났다〉는 세상을 떠난 가족과 세상에 남은 가족이 만나는 장면을 연출해 화제가 되었다. 이 프로그램은 '선한' 디지털 기술로 남은 가족들에게 심정적 위안을 주었다는 평가를 받으며 아시아태평양방송연맹ABU 시상식에서 TV 다큐멘터리 부문 대상을 받기도 하였다.

3. 가상 세계와 사회문화적 변화

최근 메타버스를 구현할 수 있는 증강현실 기술을 활용하여 이미 사망한 가수를 소환해 실제로 공연하는 것처럼 홀로그램 영상을 제작하거나 친한 지인, 가족들을 불러내 대화를 나눌 수 있는 콘텐츠들이 제작되고 있다. 또한 가상현실, 증강현실 등의 기술은 어떤 물체에 대한 검색 방식을 완전히 바꿔 놓기도 한다. 예를 들어 길을 가다 다른 사람이 입은 옷이 마음에 들었을 때, 스마트폰 카메라로 촬영하면 그 옷에 대한 정보를 즉각적으로 알 수 있는 시대가 도래한 것이다.

이러한 사회문화적 변화들은 이미 오래전부터 영화를 통해 볼 수 있었다. 영화 〈매트릭스Matrix, 1999, 2003, 2021〉, 〈레디 플레이어 원Ready Player One, 2018〉, 〈프리 가이Free Guy, 2021〉 등은 이전에 우리가 상상해 온 메타버스나 가상 사회의 모습을 시각화하고 있는데, 이제는 이러한 영화 속 장면들이 현실에서 이루어지고 있다. 가상 세계를 표현한 영화들은 현실과 가상의 경계를 허물고, 현실 세계와 가상 세계가 유기적으로 연결된 모습을 표현하고 있으며, 아바타를 활용하여 메타버스에서 생활하는 모습까지 보여 준다. 이는 완벽한 메타버스를 만드는 주요 요인들과 유사하다.

영화를 넘어 현실에서 잘 알려진 메타버스 플랫폼들로는 제페토ZEPETO, 로블록스Roblox, 포트나이트Fortnite, VR 챗VR chat 등이 있다. 메타버스 플랫폼의 주요한 특징은 현실 세계처럼 사회생활과 경제생활 등을 할 수 있다는 것이다. 현실 세계와 유사한 활동이 가능한 요인을 살펴보면 아바타Avatar, 오픈 월드Open World, 샌드박스Sand Box, '크리에이터 이코노미Creator Economy, 콘텐츠의 탈중앙화Decentralization 등이 있다.

아바타는 이용자인 나 자신을 표현할 수 있는 수단이며, 이 아바타를 활용해 마음껏 가상 세계를 탐험할 수 있도록 무한한 가상 공간을 제공하는 오픈 월드, 이 세계 속에서 무엇이든 자유롭게 만들어 볼 수 있는 샌드박스, 이러한 과정에서 만들어진 각종 콘텐츠를 다른 이용자들과 공유하며 일정 비용을 받는 시스템이 크리에이터 이코노미다. 이처럼 누구나 즐길 거리를 직접 만들 수 있어, 메타버스 세상은 이용자들이 일방적 소비자가 아니라 콘텐츠의 소비자이자 생산자가 될 수 있는 콘텐츠의 탈중앙화로 새로운 생태계를 구축할 수 있다.

콘텐츠의 탈중앙화는 인터넷이라고 부르는 Web의 발전과 관련이 있다. PC 기반의 인터넷을 활용한 Web 1.0 시기에는 중앙집권적으로 콘텐츠를 제공했다. 즉, 인터넷 사업자들이 콘텐츠를 보유하고, 이용자들은 포털 등을 통해서 일방적으로 받는 방식이었다. 이후 모바일 기반의 인터넷을 활용한 Web 2.0의 초기 구조는 Web 1.0 시기처럼 사업자들이 생산한 콘텐츠를 일방적으로 소비하는 방식이었다. 그런데 Web 2.0 후반으로 가면서 유튜브, 인스타그램, 틱톡 등과 같은 SNS 플랫폼이 등장하고, 이용자들이 콘텐츠를 직접 만들 수 있는 시대가 왔다. 그리고 더 나아가 이용자들이 생산한 콘텐츠가 사업자들이 생산한 콘텐츠를 압도하는 상황에까지 이르며, 크리에이터 이코노미가 발생하기 시작하였다. 중앙의 누군가가 생산한 콘텐츠를 이용자들이 일방적으로 소비하는 것이 아니라 자신이 콘텐츠를 생산하기도 하고, 다른 이용자가 만든 콘텐츠를 소비하기도 하는 구조가 형성되면서 콘텐츠의 탈중앙화 현상이 발생하였고, 이런 흐름은 메타버스 기반의 Web 3.0에서는 더욱 심화할 전망이다. 즉 창작자가 수용자가 되고 수용자가 창작자가 될 수 있는 환경이 도래한 것이다.

메타버스를 구현하기 위해서는 기술과 함께 콘텐츠도 매우 중요하다. 이처럼 콘텐츠의 중요성이 높아지면서 현실 세계와 상호작용할 수 있고, 연결고리를 형성할 수 있는 다양한 콘텐츠를 개발하는 것이 주요한 과제가 되었다. 그리고 메타버스에서 콘텐츠를 즐기는 것을 넘어 가상 세계의 수익이 현실 세계의 수익으로 연결되면서, 어떠한 경제적 가치를 창출할 것인지에 대한 논의도 활발하게 이루어지고 있다.

4. 가상 세계와 대중문화

메타버스를 정교하게 구현하려면 기술이 일차적으로 중요한 요인이지만, 이러한 기술과 함께 가상 세계를 더욱 매력적인 공간으로 만들기 위해서는 문화적 상상력이 깃든 콘텐츠가 중요하게 작용한다.

코로나19 바이러스의 유행 속에서 포트나이트, 마인크래프트, 로블록스, 모여봐요 동물의 숲 등과 같은 해외 기반의 메타버스 플랫폼들은 주로 문화적 상상력으로 구현된 가상 공간으로 두각을 나타냈으며, 대표적으로 게임 콘텐츠를 선보였다. 그 이유는 가상현실에는 여러 캐릭터, 즉 아바타들이 상주하면서 하나의 사회를 구축해야 하는데, 게임 콘텐츠들은 이미 예전부터 그런 캐릭터를 갖추고 있었으므로 이러한 시스템이 잘 갖춰진 게임이 메타버스 초기 콘텐츠를 선도할 수 있었던 것이다.

이처럼 메타버스 초기의 콘텐츠는 게임뿐만 아니라 엔터테인먼트 분야와도 적극적인 협업이 이루어졌는데, 그 이유는 물리적 제약이 없는 확장성, Z세대, 강력한 팬덤Fandom 등으로 보고 있다.

먼저 한계 없는 물리적 확장성의 예로는 2020년 9월, 제페토에서 열린 블랙핑크의 가상 팬 사인회를 들 수 있다. 이 사인회에는 약 5,000만 명의 팬이 몰렸는데, 전 세계 어디에도 5,000만 명의 인원을 한 번에 수용할 수 있는 시설은 없다. 그러나 메타버스에서는 공간 제약 없이 현실보다 더 화려한 공연을 펼칠 수 있어, 엔터테인먼트 콘텐츠는 메타버스 플랫폼에 관심을 두었다. 다음 요인은 메타버스 핵심 참여자 및 문화 주요 소비자가 Z세대이기 때문이며, 마지막으로 게임 및 엔터테인먼트 산업은 연대할 수 있는 팬덤을 이미 형성하고 있어서, 우선 이용자 확보가 되어야 하는 메타버스의 기본조건을 이미 갖추고 있기 때문이다. 이런 이유로 메타버스에서 게임 및 엔터테인먼트 시장이 다른 분야보다 빠르게 발전할 수 있었다.

제페토는 전 세계 이용자 수가 2억 명(2020년 말 기준)인, 3D 아바타 기반 소셜네트워크서비스로, 이용자가 증강현실 패션 아이템인 의상이나 액세서리 등으로 수익을 창출하는 것이 가능한 시스템을 제공한다.

제페토는 2020년 7월에는 르네상스를 테마로 한 가상미술관을 열어 레오나르도 다 빈치, 미켈란젤로 등 유명 작가의 작품을 디지털화하여 총 69점을 전시하였고, 아바타를 조종해 미술관을 찾아 감상하고, 사진을 찍고, 그림 속에 숨겨진 비밀 공간으로 들어가는 장치를 마련하는 등 메타버스에서만 할 수 있는 전시회로 호평을 받았다.

또 제페토는 2020년 9월, 블랙핑크 신곡 <아이스크림> 뮤직비디오 무대를 3D로 구축해 선보였으며, 당시 5,000만 명의 전 세계 팬들과 함께 팬 사인회를 열어 블랙핑크 아바타와 사진을 찍는 이벤트를 진행하였다. JYP도 트와이스와 ITZY의 뮤직비디오를 제페토 버전으로 제작해 협업을 진행하였고, 지속해서 아바타 공연을 계획하고 있다. 하이브는 방탄소년단BTS의 캐릭터 프랜차이즈인 BT21과 협업하여 아바타용 의상이나 액세서리 등을 출시해 많은 관심을 받았다.

2020년 11월, 한국관광공사는 제페토에 한국의 가상 여행지 '한강 공원' 월드를 만들어 한국 여행 가상체험 공간을 전 세계에 선보였고, 한국관광 명예 홍보대사 ITZY의 3D 아바타를 활용해 이벤트를 진행하기도 했다.

에픽게임즈의 〈포트나이트〉는 아바타를 조종해 요새를 구축하고 상대방과 싸우는 기존 게임을 즐길 수 있는 '배틀 로얄battle royal'과 친목을 다질 수 있는 소셜 네트워킹 기능을 강화한 '파티 로얄party royal'을 공개했다. 파티 로얄에서는 가상현실 콘서트가 큰 인기를 얻고 있는데, 2020년 4월 미국의 유명 래퍼인 트래비스 스콧이 공연을 진행해 약 230억 원의 수익을 냈으며, 같은 해 9월에는 방탄소년단이 〈다이너마이트Dynamite〉 안무 버전을 전 세계 최초로 공개했는데, 이용자들은 해당 게임의 화폐인 800 V-Bucks로 〈다이너마이트〉 안무를 구매할 수 있었고, 각 이용자의 아바타가 〈다이너마이트〉 안무를 추어 군무까지 가능하도록 했다.

미국의 메타버스 공연 스타트업 기업인 '웨이브 XRWave xr'는 모션 캡처 기능을 활용해 존 레전드John Legend, 더 위켄드The Weeknd, 저스틴 비버Justin Bieber, 켈빈 해리스Calvin Harris 등 유명 팝 가수가 참여한 가상현실 콘서트를 선보이고 있다. 이 가상 공연은 미리 녹화한 것이 아니라 가수가 스튜디오에서 평소처럼 공연하면, 모션 캡처 카메라가 이를 실시간으로 촬영하고 변환해서 웨이브 내 공연장으로 전송한다. 즉, 웨이브 내 공연장에 나타난 가수의 아바타가 실제 가수의 움직임과 똑같이 움직이며 노래를 하는 것이다. 이 공연에 관객들은 아바타의 형태로 참여하고, 가수는 관객 아바타들의 반응을 보면서 손을 흔들거나 호응을 유도한다.

이 외에도 방송·광고 분야에서는 스포츠 중계 화면 내에 행사, 선수와 관련된 부가 정보들이 같이 뜨고, 선거 방송에서는 가상 공간을 활용해 후보자들이 동작을 취하는 등 자칫 지루할 수 있는 방송에 재미를 부여한다. 뉴스를 진행할 때도 스튜디오 내에 가상의 정보를 혼합하여 시청자들에게 정보를 추가로 제공하기도 했다. 광고 분야에서는 특히 글로벌 패션·명품 브랜드들이 메타버스를 활용해 자사 제품을 홍보하는 데 심혈을 기울이고 있다. 구찌GUCCI, 루이뷔통Louis Vuitton, 버버리Burberry 등은 메타버스 기반 아바타 커뮤니티인 제페토에 스토어를 입점해 프로모션을 진행하기도 하였다. 이를 통해 그동안 접근이 어려웠던 브랜드들이 젊은 층을 대상으로 이미지 변신을 시도하고 있다.

엔터테인먼트 분야에서는 최근 메타버스에서 활용할 수 있는 버추얼 휴먼virtual human, 아바타 등의 개발 및 연구가 활발히 이루어지고 있다. 코로나19로 비대면이 일상화되면서 3차원 가상 세계에서 상호작용할 수 있는 메타버스는 세계적으로 주목받고 있는 K-콘텐츠에 다양한 형태로 스며들었다. 특히 새로운 음악 콘텐츠 활성화를 위해 가상현실, 증강현실, 확장현실, 혼합현실, 인공지능 등과 같은 신기술을 활용한 온·오프라인 공연 콘텐츠 개발을 지원하면서 가상-현실 케이팝 아티스트, 즉 '버추얼 아이돌Virtual Idol'에도 관심이 증가하고 있다.

코로나19 바이러스 초기에는 가상-현실을 연계하기 위해 실제 케이팝 아이돌이 가상현실, 증강현실, 인공지능 등의 기술로 부캐릭터를 제작해 메타버스 플랫폼에서 공연을 펼쳤고, 실제 사람이 가상현실, 모션 캡처 등 특수 장비를 활용해 제작한 자신의 가상 세계 아바타를 통해 방송을 진행하는 버추얼 유튜버 Virtual Youtuber, VTuber, 버추얼 스트리머, 버추얼 BJ 등이 등장했다. 또 국내 버추얼 시장은 2D 캐릭터를 좋아한 팬들로부터 서서히 인기를 끌기 시작했는데, 이는 온라인 플랫폼을 기반으로 활동하는 버추얼 아이돌의 탄생으로 이어졌다. 나아가 메타버스와 케이팝의 융합이 버추얼 아이돌이라는 형태로 진화하였다고도 볼 수 있다.

초기의 버추얼 아이돌로는 게임 '리그 오브 레전드League of Legends, LoL'의 캐릭터로 이루어진 'K/DA'나 걸그룹 '에스파aespa'의 세계관 속에 등장하는 'ae-aespa', '이세계 아이돌(이하, 이세돌)' 등이 존재한다. K/DA, ae-aespa 등은 버추얼 아이돌 자체의 인기보다는 기존의 게임을 했던 팬덤이나 현실 아이돌의 인지도 등이 큰 영향을 미쳤다는 점에서 다소 아쉬움을 남겼지만, 이세돌은 데뷔와 동시에 음원 1위를 달성하면서, 온전한 버추얼 아이돌로서 저력을 발휘하여 대중적인 흥행을 거뒀다는 점에서 호평을 받았다.

이처럼 버추얼 아이돌의 잠재력과 확장 가능성이 입증되면서, 가상현실 케이팝 아티스트도 대거 등장하였다. 게임 회사로 잘 알려진 넷마블 에프엔씨의 자회사인 메타버스 엔터테인먼트와 카카오 엔터테인먼트가 함께 제작한 버추얼 아이돌 '메이브MAVE:', SM엔터테인먼트가 제작한 '나이비스nævis', '펄스나인

PULSE9'이 구현한 '이터니티Eternity', 버추얼 보이그룹으로는 '레볼루션 하트Revolution Heart', '플레이브PLAVE' 등이 있으며, '슈퍼카인드SUPERKIND'는 실제 인간과 버추얼 휴먼으로 구성되었다. 이 밖에도 카카오 엔터테인먼트는 버추얼 걸그룹 서바이벌 예능 프로그램〈소녀 리버스RE:VERSE〉를 통해 5인조 버추얼 걸그룹 '피버스Feverse'를 탄생시켰고, 메이브와 플레이브는 공중파 음악 방송 무대에 출연하여 좋은 성과를 거뒀다.

버추얼 아이돌의 등장은 케이팝을 즐기는 새로운 방식으로 자리 잡고 있으며, 케이팝의 영향력을 다양한 방식으로 확장할 가능성을 제시한다. 버추얼 아이돌은 그 자체가 하나의 콘텐츠이자 버추얼 아이돌 IPIntellectual Property를 기반으로 웹툰, 웹소설, 영상, 게임 등과 같은 다양한 장르로 확장할 수 있고, 메타버스와 같은 가상 공간으로도 활동 범위를 자연스레 확장하여 부가 가치를 창출할 수 있다. 일례로 메이브는 그들의 세계관을 바탕으로 하는 카카오 웹툰〈MAVE: 또 다른 세계〉를 공개했고, 넷마블 게임 등을 통해 메이브 세계관과 연결된 다양한 콘텐츠를 선보이고 있다. 메이브는 케이팝 중심으로 IP를 확장하여 새로운 콘텐츠와 즐길 거리를 제공하며, 글로벌 팬층을 확보하고자 다양한 시도를 진행 중이다.

이러한 시도에도 불구하고 아직은 버추얼 아이돌을 향한 대중의 반응은 놀라움과 함께 현실성이 부족하다거나, '불쾌한 골짜기'를 느끼는 등 부정적인 시선이 존재한다. 이에 대해 제작사들은 관련 기술을 방송가에 안착시키는 과정이라고 언급하면서도, 메이브와 나이비스 등이 더욱 완벽한 비주얼과 움직임, 실력을 갖추고 주류 문화로 자리 잡도록 하기 위해 기술을 고도화할 뿐 아니라 그들이 지닌 세계관의 스토리텔링을 강화하고 있으며, 글로벌 팬덤을 형성하는 데 주력하고 있다.

 버추얼 아이돌은 VR, AR, 메타버스 기반 플랫폼이 나타나고, 가상 인간의 구현 기술이 발전하면서 등장했다고 볼 수 있다. 이러한 버추얼 아이돌과 그들이 활동하는 환경들은 케이팝 아티스트와 현지 팬 사이의 물리적 거리감, 출신 국가나 문화권의 차이에서 오는 심리적 장벽 등을 허물고, 범 세계적인 팬덤을 유치할 수 있는 새로운 가능성을 보여 줄 것이다.

3부

예술과 시각문화

1장
예술과 창의성

1. 예술의 두 가지 모델

인공지능이 예술작품의 생산에 관여하고 있다. 이에 따라 인공지능이 생산한 산출물에 예술작품의 지위를 부여할 수 있는지가 초미의 관심과 논쟁거리로 떠오른 지 오래다. 현재 인공지능이 '그린' 그림은 예술품 경매 시장에서 고가에 거래되고 있으며, 각종 공모전에서 수상하는 등 입지를 넓혀 가고 있다. 그러나 이런 현상을 바라보는 전문가들의 견해는 싸늘하다. 특정 화가의 스타일을 모방한 그림을 진정한 예술작품으로 볼 수 없다는 주장에서부터 인공지능 스스로 그 작품에 대한 아이디어를 만들어 내지 못하는 이상, 비록 미적으로 뛰어나다 할지라도 진정한 예술작품은 될 수 없다는 것이다. 이런 견해는 예술작품을 평가하는 현행 예술 패러다임에 따른 판단이다.

요컨대 예술작품을 규정하는 척도는 관습적으로나 제도적으로 '창의성'을 절대적 요소로 삼고 있다. 예술작품은 '작가'의 창의성을 구현하고 있어야 한다. 그렇지 못할 경우 그 작품은 타인의 아이디어를 모방한 것이거나 평범한 일상의 사물과 다를 바 없다.

그런데 이 '창의성' 모델은 모더니즘의 산물이며, 더욱 구체적으로는 르네상스 이후에 일반적인 규범으로 확립된 것이다. 고대부터 줄곧 존재해 왔던 규범은 '모방' 모델이었다. 예술은 자연을 충실히 모방하거나 수학적 계산을 통해 확립된 조화와 균형의 형태를 구현할 수 있어야 했다. 그에 따르면 자연은 일종의 '소우주'로 나무랄 데 없이 완벽한 형태를 갖추고 있다. 예술가는 이 형태의 완벽함을 구현하기 위해 자신의 재능을 쏟아 부어야 한다. 그리고 이 과업을 달성하기 위해서는 자연의 형태를 가능한 한 충실히 모방할 수 있어야 한다. 비트루비우스 원리나 피보나치 형태가 그 예로, 고대인들은 이 기하학적 형태를 미의 이상으로 간주했다.

고대의 화가였던 데메트리우스Demetrius는 "대상을 아름답게 그리기보다 자연 그대로와 비슷하게 그릴 것"[42]을 주문했고, 이런 생각은 르네상스 초기까지도 줄곧 통념으로 존재했다. 인체를 그릴 때도 수학적 원리가 우선했다. 완벽한 인체를 묘사하기 위해서는 인체 비례에 의거하여 예컨대 8과 3분의 2등신의 원

---

[42] 야마모토 요시타카, 『16세기 문화혁명』, 동아시아, 2006, 109쪽.

칙을 따라야 했다. 인체의 척도를 상정했던 셈이다. 초기 르네상스 화가들이 기하학과 측정법, 원근법 등 산술과 계산에 기초한 묘사법을 습득했던 까닭도 여기에 있다. 르네상스가 '고대의 재탄생'을 염원했던바 자연의 충실한 묘사가 예술의 원리로 등장한 것은 자연스러운 일이었다.

그러나 다른 한편으로 이 '모방'의 규범이 '창의성'의 규범으로 대체되기 시작했다. 실상 중세를 관통해 왔던 예술 전통에 예술가 개인은 개입할 여지가 없었다. 중세 초기부터 거세게 분출되어 온 성상 파괴 운동의 여파로 중세의 예술은 성화 일변도로 제작되었다. 성상 파괴 운동으로 촉발된 성화 제작의 문제를 해결하기 위해 소집된 두 차례의 공의회(313년 제1차 니케아공의회, 787년 제2차 니케아공의회)는 성화 제작의 규범을 확립했다. 성화 제작은 교부의 지시하에 이루어져야 하며, 화가는 그 지시를 충실히 따르는 것으로 역할이 제한됐다. 르네상스 이전까지 예술가는 단지 직인의 신분으로 주문받은 그림이나 조각을 지시에 따라 제작해야만 했다.

> **Tip 성상 파괴 운동**
>
> 8~9세기 비잔틴 제국에서 성화와 성상 제작을 금지하고, 나아가 제작된 성상을 파괴했던 운동이다. 이 운동은 726년 동로마제국의 황제 레오 3세가 궁의 입구에 설치된 예수의 성화를 파괴하면서 시작되어 비잔틴 제국 전역으로 퍼져 나갔다. 성화 제작의 전통이 있던 서로마제국의 거센 반발로 두 차례의 공의회가 니케아에서 소집되어 성화/성상 제작에 대한 원칙을 마련하였으며, 이후 중세 내내 성화 제작은 교부의 감독하에 이루어지게 됐다.

이 전통에 균열을 가져온 것은 미의 절대성에 대한 의심과 회의 때문이다. 개인이 미의 판단의 척도가 되면서 이상적인 아름다움은 부정되기 시작했다. 아름다움은 보는 자의 주관에 따라 상대적일 수 있으며, 예술가는 자신이 갖고 있는 미의 관념을 자유롭게 구현하고자 했다. 이른바 '미학적 주체'의 탄생이다. 이런 배경에서 예술가는 과거의 예술과 다른 자신만의 독창적인 미적 관념을 보여 주어야 한다. 모방에 기초한 예술 패러다임이 전복되면서 이제 예술은 창의성을 절대적 규범으로 끌어들인다.

(1) 모방 패러다임

모방을 제1의 원리로 삼고 있는 예술 패러다임은 이상적인 예술적 성취에 대한 명확한 기준을 제시한다. 여기에는 이상적인 미가 존재한다는 전제가 깔려 있다. 자연은 그 자체로 완벽한 질서를 구현하고 있으며, 그 구성요소 또한 동일한 질서로 이루어져 있다는 것이다. 자연의 일부로서 인간 역시 그 질서를 따르고 있다. 따라서 그 구성요소들의 균형 있는 조합과 배치, 비례를 산술적으로 계산할 수 있다. 비트루비우스의 인체 비례나 자연계를 구성하는 피보나치 형태가 그 예다.

이상적인 미로 상정한 형태를 묘사하기 위해서는 정확한 모방 능력이 중요하다. 여기에는 산술적 계산과 측정, 공간 표현을 위한 원근법의 활용, 정밀한 데생이 요구된다. 따라서 학습을 통한 숙련을 중시한다. 또한 모방을 잘하려면 타고난 재능이 필요하다.

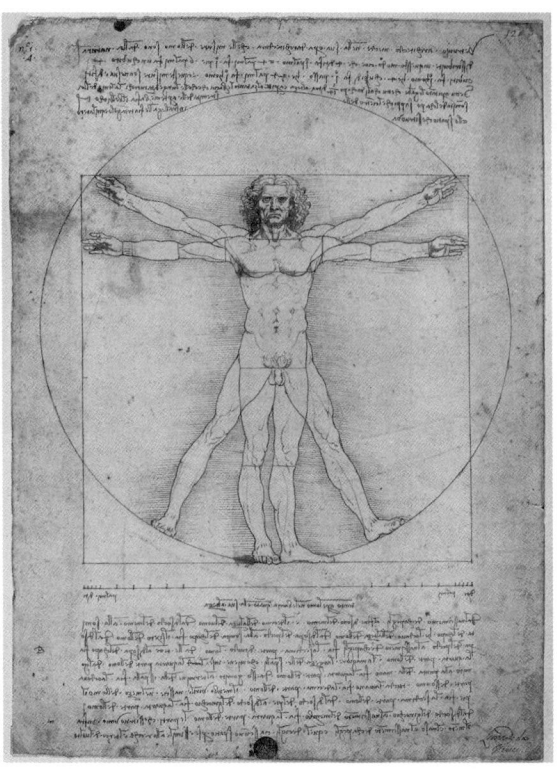

그림 7. 레오나르도 다 빈치, 비트루비우스의 인체 비례도

> **Tip 피보나치 형태**
>
> 레오나르도 피보나치가 1202년에 발표한 생성함수로 '피보나치 수열'이라고 불린다. 첫째와 둘째 항이 1이고 그 뒤의 모든 항은 바로 앞 두 항의 합으로 구성된 수열이다. 따라서 처음 여섯 항은 각각 1, 1, 2, 3, 5, 8이다. 르네상스의 학자들은 자연기하학을 연구하는 과정에서 이 수열이 자연계에 존재하는 모든 사물, 예컨대 식물의 형태에도 적용된다고 주장했으며, 그 형태를 구현하는 것을 예술의 목표로 삼았다.
>
>

모방 모델이 지배하던 르네상스 초기의 예술가들은 대부분 이상적인 아름다움을 구현하기 위한 기술 지식의 습득에 몰두했다. 예컨대 레오나르도 다 빈치는 원근법은 물론이고 정확한 인체 묘사를 위한 각종 측정법을 비롯하여 해부학과 기하학 등을 면밀히 연구했다.

모방 패러다임은 고전주의 시대에도 여전히 유효했다. 창의성 모델과 공존하며 모방 모델은 아카데미의 규범에도 영향력을 발휘했다. 미술 아카데미는 전통이 인정한 거장들의 작품을 학습하고, 그들이 제시한 규범을 충실히 따르기를 요구했다. 따라서 모방 모델은 전통에 대한 존중, 과거와의 연속성을 중시한다.

(2) 독창성 패러다임

모방 모델이 미의 절대성, 전통과의 연속성을 주요 규범으로 삼고 있는 반면 창의성 모델은 미의 상대성, 과거와의 단절 및 새로움을 중시한다. 그러나 창의성 모델이 모방 모델을 하루아침에 밀어내고 예술의 절대적 규범이 된 것은 아니다. 또 창의성 모델이 지배하는 현재에도 모방 모델의 규범은 부분적으로 작용하고 있다. 그럴듯하게 성대모사를 잘하는 사람으로부터 경험할 수 있듯이, 요컨대 탁월한 모방은 심미적 쾌감을 제공하는 보편적 원인이기도 하다. 하지만 뛰어난 예술적 성취도를 판정하는 우리 시대의 기준은 독창성이다. 이 보편적 기준은 모더니즘의 원리에서 기인한다.

미학적 모더니즘의 주요 원리는 18세기 초의 소위 '고대인과 현대인의 논쟁'이라 불리는 논의에서 나왔다. 고대인은 미의 절대성을 인정하는 반면 현대인, 즉 모던한 시대에 속한 사람들은 고전주의가 제시해 놓은 미의 절대성을 부정하고 미란 단지 상대적이며 가변적이라고 주장한다. 이런 관점에서 전통과 과거는 극복의 대상으로 제시된다.

아름다움을 구현하는 기예로서의 예술은 전통이 세워 놓은 미의 규범을 전복시켜 과거에 없었던 새로운 미의 규범을 보편적 가치로 제시할 수 있어야 한다. 그 과정에서 새로움이 모더니즘의 핵심 가치로 등장한다. 그런데 모든 새로움이 항상 보편적 가치일 수는 없다. 예컨대 유행은 새로운 현상이나, 곧 사라져 버릴 새로움이다.

한편 어느 시대나 새로움으로 등장하여 고전으로 정착된 것이 있다. 즉 고전은 과거에 새로움으로 출현하여 현재에도 여전히 영향을 미치고 있다. 말하자면 미래에도 새로움의 가치를 지속적으로 행사할 수 있다. 따라서 진정한 새로움은 고전으로 남을 만한 가치가 있어야 한다. 모더니즘 모델에서 진정한 예술가는 이처럼 고전으로 남게 될 새로움을 창안해 내는 자다. 이 모델이 창의성을 주요 척도로 내세운 까닭은 그 때문이다.

모더니즘 모델에 따르면 예술은 끊임없이 과거의 낡은 전통을 극복하고 새로운 규범을 제시해야 한다. 20세기 초에 등장한 아방가르드 미술의 논리가 그 예다. 인상주의 미술은 고전주의와 낭만주의 미술의 원리를 근본적으로 해체하고, 시시각각 변화하는 현상을 화폭에 담고자 했다. 세잔은 인상주의 미술의 원리를 넘어서 입체파와 추상미술의 기틀을 마련했다. 뒤샹은 더욱 극단적으로 캔버스마저 포기하고 기성품을 예술작품으로 제시하는 파격을 끌어들였다. 이 모든 아방가르드 예술의 바탕에는 과거와의 단절을 통해 자신의 독창적 사고를 보편적 규범으로 확립하려는 시도가 깔려 있다.

모더니즘 예술의 독창성에 대한 비판적 견해도 존재한다. 예컨대 미국의 미술사가 로잘린드 크라우스Rosalind Krauss는 『아방가르드의 독창성과 모더니스트의 신화The Originality of the Avant-Garde and Other Modernist Myths』에서 모더니즘 미술의 독창성이 허구적 신화라고 주장한다. 그에 따르면 로댕의 〈지옥문〉은 조각가의 독창적 구상이 아니라 그의 사후에 조합된 작품일 뿐이며, 추상 화가들이 즐겨 그렸던 그리드 형태는 이미 존재하는 기하학적 형태의 변형일 따름이라는 것이다.

이러한 다양한 관점에서의 비판에도 불구하고 독창성은 여전히 예술작품의 가치를 판단하는 절대적 규범으로 작동하고 있다. 이는 예술작품에 대한 대중들의 경험에서뿐만 아니라 법적·제도적 차원에서도 중요한 기준이다.

2. 인공지능의 창의성

인공지능이 창의적인 예술을 생산할 수 있느냐에 대한 견해는 크게 두 가지로 갈린다. 인공지능은 '기계'이며, 인간의 데이터를 학습하여 예정된 결과물을 내놓을 뿐이므로 창의성을 가질 수 없다는 입장이 있다. 한편 인공지능의 창의성을 옹호하는 진영에서는 인공지능 기술의 발달과 프로그램 방식에 따라 충분히 창의적인 예술을 생산할 수 있다고 주장한다. 나아가 인간의 예술에서도 완전한 창의성은 존재하지 않는다고 항변한다.

(1) 인공지능의 한계에 대한 견해들

인공지능이 예술작품을 만들어 낼 수 없다는 견해는 예술의 창의성 모델에 따른 것이다. 반대로 모방 모델에 따르자면 인공지능은 인간보다 훨씬 뛰어난 예술작품을 생산할 수 있다. 알고리즘을 적용하여 그림을 그리도록 고안된 '넥스트 렘브란트'나 구글의 '딥 드림'은 특정 화가의 스타일을 탁월하게 구현하는 인공지능이다. 화가의 화법을 학습을 통해 충실히 모방할 수 있도록 고안된 셈이다. 그러나 넥스트 렘브란트가 만들어 내는 그림은 렘브란트 스타일의 모방일 뿐이어서 진정한 창의적 예술이라고 할 수 없다. 결국 현재의 예술 패러다임에 따르자면 인공지능의 한계는 분명하다고 할 수 있다.

최초의 기계식 컴퓨터를 제작한 찰스 베비지Charles Babbage의 동료로서 컴퓨터 프로그램 분야의 선구자인 에이다 러브레이스Ada Lovelace는 기계의 한계를 명확히 밝힌다. 즉 컴퓨터는 인간이 수행하라고 명령한 것만 할 수 있으므로 결코 새로운 정보를 산출할 수 없다는 것이다. 창의성이 기존에 없었던 새로움을 산출하는 능력이라면 컴퓨터는 창의성을 가질 수 없다는 것이 그 주장의 골자다.

인공지능의 한계를 지적하는 견해가 궁극적으로 지적하는 바는 비록 우연한 조합을 통해 새로운 정보를 산출한다 할지라도 인공지능 스스로 그 정보의 가치를 알지 못한다는 점이다. 요컨대 자기 행위에 대한 인식능력을 갖고 있지 않는 이상, 그 새로움은 창의성과는 거리가 멀다는 것이다. 창의적 예술가는 자신이 제안한 새로움의 가치를 알고 있는 자다.

(2) 인공지능의 창의성에 대한 견해들

N. 로체스터의 문제 제기

인공지능의 창의성을 적극 옹호하는 이들은 컴퓨터의 문제해결 능력 자체가 창의성의 발현이라고 생각한다. 실상 현재의 컴퓨터는 엄청난 양의 데이터를 빠른 속도로 처리하면서 인간이 해결할 수 없는 문제에 대한 해답Solution을 얻어 내기 위해 연산 프로그램을 사용한다. 1956년에 열린 다트머스 콘퍼런스는 현대 컴퓨터공학의 연구 방향을 설정하는 데 분수령이 된 회의로, 특히 인공지능 컴퓨터 개발을 위한 핵심 의제들이 여기서 제시됐다. 이 회의에서는 컴퓨터가 인공지능으로 진화하기 위해 해결해야 할 핵심 문제들을 7개 항목으로 정리하는데, 너대니얼 로체스터는 '무작위성Randomness'과 '창의성Creativity'을 주요 의제로 제시했다.

인간은 특정한 문화적 조건 속에서 발생하는 문제와 만났을 때 그에 대한 해답을 찾고자 한다. 이때 이미 해결됐던 문제들에 대한 해답은 데이터로 축적되어 있다. 이처럼 새로운 문제가 주어졌을 때 데이터 속에 해답이 있다면 우리는 쉽게 문제에 대한 해결책을 예측할 수 있다. 그런데 전혀 새로운 문제, 혹은 훨씬 복잡한 문제가 주어질 경우 해결 규칙도 복잡해진다. 이 경우 무엇이 올바른 해답인지 판단하기 위해 여러 가능한 경우를 테스트해야 한다.

사태가 더욱 복잡해지면 불확실성도 커지고 그에 따라 적용 규칙도 복잡해진다. 나아가 부단한 노력에도 불구하고 어떠한 개인도 해답을 찾지 못한 문제가 있을 수 있다. 이때 개인은 그 문제를 해결하기 위해 과거에 축적된 지식과 경험에 의거하여 다른 방법을 적용해야 한다. 사전에 규정된 규칙과 동일한 방법으로는 해결할 수 없으므로 그는 무작위로 예측 범위 밖에서 방법을 찾아야 한다.

따라서 무작위로 적용된 새로운 방법은 '전통적인' 관점에서는 기이한 일탈이다. 만약 그에 대한 해답을 찾았다면 그 방법

> **Tip 몬테카를로 방법**
>
> 몬테카를로 알고리즘은 난수(무작위로 추출된 수)를 이용해서 함수의 값을 확률적으로 계산하는 방법으로, 복잡하고 난이도가 높은 문제를 해결할 때 근사치를 찾아내 문제를 해결한다. 결정론과 달리 확률론의 입장에서 무작위로 샘플링을 통해 답을 얻어 내는 방법이다.

은 완전히 새로울 수밖에 없다. 기존 규칙의 목록에 없었던 것이기 때문이다. 이런 방법을 로체스터는 '몬테카를로 방법Monte Carlo Methode'을 확대 적용한 것이라고 밝힌다. 그런데 왜 문제의 해답을 찾기 위해 무작위성에 의존할까?

첫째 이유는 앞에서 언급했듯이 사전에 축적되어 있지 않은 새로운 규칙을 찾아낼 필요성 때문이다. 무엇이 정답인지 알 수 없기 때문에 무수한 가능성들을 하나씩 대입시켜 보는 수밖에 없다.

둘째로는 기계의 연산 능력이 고도화되면 해답을 찾아내기 위한 데이터 처리 속도가 빨라져 임무를 수행할 수 있다는 것이다. 기계는 인간의 편견이나 선입견을 극복하고 무작위로 가능한 경우의 수를 차례로 대입시켜 나감으로써 근사치에 해당하는 답을 찾아낼 수 있다. 이런 방식으로 산출된 솔루션은 기존에 없었던 새로운 결과물이어서 그 자체로 창의적이라는 것이 로체스터의 주장이다.

M. 민스키의 학습모델들

인공지능 분야의 개척자로 1956년 다트머스 회의에도 참석했던 마빈 민스키Marvin Minsky는 인간의 예측 범위를 넘어서서 새로운 솔루션을 제시할 수 있는 프로그램의 종류를 다섯 가지로 구분한다.

프로그램 이론의 선구자로 평가받는 러브레이스의 대전제에 따르자면 컴퓨터는 오직 명령받은 것만을 수행할 수 있다. 하지만 인간이 문제를 어떻게 해결해야 할지 정확히 알지 못할 때 컴퓨터가 검색Search을 하도록 프로그램할 수 있다. 이것이 첫 번째 프로그램이다. 그 명령에 따라 컴퓨터는 해답을 찾아 사이버 공간을 뒤진다.

두 번째는 패턴인식Pattern-Recognition이다. 간단한 검색어만을 입력했을 때 컴퓨터는 유효하지 않은 대답을 포함하여 '너무 많은' 불필요한 정보를 제공한다. 이때 패턴인식은 적합한 대답만을 찾아내도록 컴퓨터의 선택을 제한하도록 한다.

세 번째는 학습Learning이다. 축적된 경험을 토대로 시행착오를 줄여, 명령에 부합하는 검색을 할 수 있도록 효율성을 극대화하는 방법이다.

네 번째는 플래닝Planning이다. 현재 상황을 분석하여 더 소량이지만 더 적합한 탐구로 원래의 검색을 대체함으로써 근본적인 개선책을 얻어 내는 방법이다.

마지막은 문제해결을 위해 컴퓨터가 자신의 환경에 대한 모델들을 구축하는 단계, 즉 인덕션Induction이다.

이 다섯 가지의 프로그램은 현재 컴퓨터의 문제해결 능력을 고도화하는 데 널리 활용되고 있다. 나아가 인공지능의 진화 과정에서 다양한 방식으로 적용되면서 오늘에 이르고 있다.

M. 보덴의 창의성 모델

마거릿 보덴Margeret Boden은 컴퓨터의 창의성 문제를 가장 구체적으로 연구해 온 이론가다. 그에 따르면 기계가 창의적 결과물을 산출하는 방법에는 세 가지가 있다. 첫째는 조합적 창의성 Combinational Creativity, 둘째는 탐색적 창의성Exploratory Creativity,

셋째는 변형적 창의성Transformational Creativity이다.⁴³

　이 세 유형의 창의성은 컴퓨터의 계산에서 나오지만 원리는 결국 인간의 사고 과정에 대한 시뮬레이션에 있다. 이 점을 설명하기 위해 보덴은 우선 창의성Creativity 개념을 정의한다. 그에 따르면 창의성은 "새롭고Novel 가치 있는Valuable 사고Idea를 산출하는 능력"⁴⁴이다. 컴퓨터 모델에도 이 개념은 똑같이 적용된다. 또한 어떤 사고가 새롭고 참신한가를 판단하기 위해서는 두 가지 관점을 함께 고려해야 한다고 보덴은 덧붙인다. 첫째는 심리적 관점, 둘째는 역사적 관점이다.⁴⁵

　심리적 관점에서 창의적 사고는 우선 그것을 생산한 자에게 새롭다는 점을 전제한다. 다른 사람들이 같은 사고를 이전에 얼마나 많이 해 왔는지는 전혀 중요하지 않다. 한편 역사적 관점에서의 창의적 사고는 그것이 과거에 한 번도 존재하지 않았다는 사실에 기초한다. 이때 심리적 창의성은 통상 역사적 창의성을 포괄한다. 왜냐하면 과거에 이미 있었던 사고도 '누군가'에게는 새롭고 참신하며 가치 있을 수 있기 때문이다. 따라서 창의성은 인식의 문제와 분리될 수 없다.

　이 관점에 따르자면 컴퓨터가 창의성을 산출하는 방법은 다음과 같다.

　첫째, 익숙한 사고를 낯설게 조합Unfamiliar Combination하는 방

43　Boden, Margaret A. "Creativity and artificial intelligence." *Artificial Intelligence*, 103, Elsevier, 1998, p. 348.
44　Boden, Margaret A. "Computer Models of creativity." *AI Magazine*, 2009, p. 24.
45　Boden, Margaret A. 위의 책, p. 24.

법이다. 콜라주나 몽타주가 그 예로, 결합이 만들어 낸 구조에는 형태나 개념의 유사성이 있다. 컴퓨터는 가장 단순한 기본 형태들을 조합하여 새로운 형태를 창출할 수 있다.

둘째, 문화적으로 용인된 사고에 의지하여 새로운 생성규칙 Generative Rule을 찾아 나가는 방식, 즉 탐색Exploration이다. 이 방식에는 일정한 한계가 따른다. 예컨대 문학이나 언어학에서 새롭게 단어를 배열하고자 할 때 새로운 생성규칙은 기본 문법을 준수해야 한다. 만약 이를 무시한다면 '새로운' 생성규칙은 결코 수용될 수 없다.

셋째, 사고나 형태를 결정하는 범위에 변화를 주어 차이를 만드는 방식, 즉 변형Transformation이다. 이 세 가지 방식 중 변형이 가장 급진적이다. 이 방식으로 산출된 사고(정보, 형태)는 새로울 뿐만 아니라 이전에 생산됐던 것들과 근본적으로 다르기 때문이다. 반면 조합이나 탐색에서 새로운 사고를 찾고자 할 때 기본 규칙은 바뀌지 않는다.

그렇다면 컴퓨터 프로그램이 이 세 가지 방식을 구현할 때 어떤 문제가 발생할까?

사실 컴퓨터적 사고, 즉 인공지능 프로그램은 익숙한 개념들을 새롭게 조합하는 작업을 아주 쉽게 수행할 수 있다. 문제는 어떤 방식의 조합이 가장 흥미롭고 가치 있는가를 알지 못한다는 점이다. 따라서 진정 창의적인 조합을 컴퓨터가 수행하려면 인간에게 무엇이 흥미롭고 가치 있는지에 대한 정보가 미리 주어져야 한다. 이를 위해서는 인간 자체에 대한 정보, 그리고 인간이 생산해 온 모든 정보가 필요하다.

컴퓨터의 창의성은 우선 '예측 불가능성'과 연계되어 있다. 이 점은 특히 프로그램을 활용한 예술의 주요 특성이기도 하다. 두 가지 방식이 있다.

첫째, 단계적Step-by-Step 알고리즘이다. 이 경우 프로그래머는 컴퓨터의 행위를 직접 명확히 차례로 지시한다.

둘째, 규칙 기반Rule-Based 프로그램이다. 이 경우 컴퓨터는 주어진 규칙을 조건에 '적용'하는데, 이때 컴퓨터가 어떤 결과를 내놓을지는 불확실하다. 즉 프로그래머는 결과를 예상할 수 없다. 전자의 경우에서도 단계적 알고리즘이 최종적으로 산출할 결과물을 프로그래머는 예측할 수 없다.

한편 무작위성은 크게 두 가지로 구분할 수 있다.

첫째는 임의로 생산되는 정보들의 가치에 어떠한 위계도 없는 경우이며, 둘째는 생산되는 정보들의 가치가 생산 영역의 규범에 따라 차별성을 갖는 경우다.

전자의 경우 비록 산출된 정보들이 그 자체로는 새롭다 할지라도 모두 창의적이지는 않다. 가치의 위계가 없기 때문이다. 후자의 경우 산출된 정보의 가치는 관련 영역의 규범과 관련해서, 그리고 그 정보를 수용하는 자의 가치 판단에 따라 결정된다. 무작위성이 특정 영역에서 가치 있는 정보를 산출할 목적으로 채택됐을 때 산출된 정보 중에는 '창의적인' 정보가 있을 수 있다. 이는 그 정보를 어떻게 판단하느냐에 달려 있다.

문제는 포커 게임에서 항상 '탁월한' 카드가 나오지는 않듯이 모든 사고가 늘 창의적이지는 않다는 점이다. 자연생태계에서 발생하는 수많은 변이 중에서 '선택'받는 종은 매우 드문 이치와도 같다. 같은 의미로 어떤 예술가도 항상 창의적인 작품을 생산하지는 못한다. 이는 예술가가 창의적인 작품을 '지속적으로' 생산하기 위해서는 우연이나 무작위성에 의존할 수 없다는 사실을 반증한다. 지속이 가능하기 위해서는 관련된 공간의 규범에 대한 탐구가 필요하다. 창의적이라고 평가받는 예술가의 스타일은 그 규범들이 무엇을 허용하고 무엇을 제약하는지에 대한 지속적인 실험과정(사고와 실천)에서 구축된 것이다.

그런 점에서 무작위성은 창의성을 산출하는 데 유용하다. 이런 구조는 '창의적인 컴퓨터'의 경우도 마찬가지다. 만약 컴퓨터가 충분한 메모리와 처리 속도를 갖고 있다면 창의적일 수 있는 모든 가능한 조합을 시도해 볼 수 있다.

실상 무작위로 산출되는 정보는 예측 불가능하다. 누구도(컴퓨터를 포함하여) 다음 차례에 어떤 정보가 나올지 알 수 없기 때문이다. 그래서 예측 가능성은 무작위성과 양립할 수 없다. 하지만 특정 영역에서 생산되는 정보는 관련 규범에 대한 지식에 따라 어느 정도 예측이 가능하다. 대부분의 정보 산출 과정에서 예측 가능성이 0인 경우는 거의 없다. 동전 던지기의 경우 전문지식과 무관하게 누구에게나 예측 가능성은 50%며, 주사위 던지기는 16.6%다. 다시 말해 예측 가능성은 항상 확률로 표시할 수 있다.

한편 대단히 개연적이거나 비개연적일 때는 수치가 높아진다. 두 경우 모두 예측 가능성이 매우 높기 때문이다. 반면 복합적인 변수들을 고려해야 하는 경우에는 예측 가능성이 낮다. 인간의 창의성이 이 '상대적' 예측 불가능성과 관계하는 한, 문제는 규칙의 복잡성에 달려 있다. 즉 창의적인 정보는 가치를 판단하는 해당 영역의 규범과 제약을 얼마나 폭넓게 알고 있느냐에 따라 결정된다. 앞에서 언급한 가상의 '창의적' 컴퓨터 프로그램은 방대한 정보를 바탕으로 무엇이 창의적인가를 예측할 수 있다. 예측 가능성이 창의성과 상충하기만 하는 것은 아니라는 뜻이다. 이 지점에서는 오히려 결정론이 창의성과 양립할 수 있다.

A. M. 브리디의 창작 기계 모델

브리디는 보덴과 마찬가지로 창의성이 예측 불가능한 것을 생산하는 능력이자, 규범에서 벗어나거나 그것을 부정하는 능력, 관습적인 것에서 탈피하는 능력이라고 전제한다. 그리고 궁극적으로 인공지능이 창의성을 가질 수 있다는 견해를 두 가지 방식으로 설명한다. 첫째, 컴퓨터는 정보의 처리 과정 중에 우연적인 요소들을 통합하여 예기치 않은 결과를 산출하도록 프로그램될 수 있으므로 창의적일 수 있다.

둘째, "인간의 뇌가 일종의 기계"이며, "작가는 이미 글 쓰는 기계"이므로 '창작 기계'와 인간 저자의 구분은 무의미하다는 것이다.

인간 저자는 과거의 수많은 규칙들을 탐구하고 자신의 작품을 '구성'하기 위해 이 규칙들을 적용한다. 이 과정에서 저자는 무수한 과거의 저작들을 학습한 후 규범과 혁신 사이에서 자기만의 새로운 규칙을 찾아 나간다. 예를 들면 그것이 렘브란트나 고흐의 스타일이다.

결국 완전히 독창적인 작품을 생산하기란 불가능할 뿐만 아니라, 나아가 모든 문화적 산물은 본질적으로 파생적이자 알고리좀적이라는 점을 인정해야만 한다고 주장한다. 이처럼 브리디는 독창성 개념에 기초하고 있는 전통적인 저자 개념에 급격히 제동을 건다. 전통적인 의미에서의 저자는 '창의적 사고'의 담지자가 아니라 단지 '글 쓰는 기계'며, 이는 '모방 기계'의 또 다른 이름일 뿐이다. 이 지점에서 기계는 역으로 창작 기계의 자격을 가질 수 있다.

2장

기계미학과 디지털 기술

기술은 끊임없이 예술작품의 생산에 개입해 왔다. 기술의 발전에 따라 인간의 예술도 부단히 변화해 왔다는 뜻이다. 인공지능이 예술에 관여하기 이전에도 기계의 예술이 있었고, 이는 현재 로봇 미술로 진화하고 있다. 또한 디지털 전환이 시작되면서 디지털 기술은 예술작품의 생산과 배포에 지대한 영향을 미쳐 '디지털 아트'라는 장르가 형성되기도 했다. 나아가 컴퓨터와 예술이 접목되면서 미디어아트, 뉴미디어아트와 같은 신생 미술도 급성장하고 있다.

1. 기계의 진화

(1) 자동기계: 자케-드로의 '글 쓰는 기계', '그림 그리는 기계', '연주하는 기계'

'자동기계'로 불리는 오토마타Automata는 오늘날 로봇의 원형이라 할 수 있으며 17세기 과학혁명 이후 18세기부터 꾸준히 제작되어 왔다. 이 프랑스의 오토마타 제작자인 자크 보캉송Jacques Vaucanson은 이 분야의 선구자이며, 스위스의 자케-드로Pierre Jacquet-Droz는 인간의 지적 활동을 구현한 오토마타를 제작했다. 그가 제작한 오토마타는 글을 쓰고, 그림을 그리고, 피아노를 연주하는 등 인간의 지적 활동을 모방한 정교한 안드로이드다.

오토마타는 외부의 동력이 없더라도 일정한 규칙에 따라 항구적으로 움직이는 자동기계로, 『백과전서』의 저자 달랑베르의 정의에 따르면 "스스로 움직이는 엔진, 혹은 자체로 운동의 원리를 지닌 기계", 예를 들면 "시계처럼 용수철이나 태엽, 추를 통해 움직임을 부여받은 장치"[46]다. 여기서 핵심은 어원이 말해주듯 '자동성Automatism'이다. 따라서 인간이 제작한 이 기계장치는 인공의 산물이지만, 제작된 이후부터는 자율성을 갖고 스스로 움직인다.

> **Tip** 자크 보캉송(1709-1782)
>
> 프랑스 그르노블 태생의 오토마타 제작자로 1738년 프랑스 과학아카데미에서 세 종류의 오토마타를 소개하고 그 원리를 발표하였다. 1740년대에는 오토마타의 원리를 적용하여 자동 방적기를 제작하는 데 몰두했다. 오토마타 제작의 선구자로 평가받는다.

이처럼 오토마타의 원리가 자동성에 있으며, 이에 따라 자체 동력으로 작동하는 모든 기계는 오토마타의 범주에 포함된다. 시계와 로봇은 물론이고 자동으로 정보를 처리하는 컴퓨터도 넓은 의미에서는 오토마타라고 할 수 있다.

오토마타라고 부를 수 있는 정교한 기계는 18세기에 와서야 비로소 등장하지만 실상 그 기획은 고대부터 줄곧 존재해 왔다. 『일리아드』에 등장하는 헤파이스토스가 제작한 대장간의 오토마타나 아프로디테가 생명을 불어넣은 다이달로스의 조각이 그 예다. 또한 아리스토텔레스는 폴리스의 노예들을 기계 인간으로 대체하려는 생각을 표명하기도 했다. 물론 이런 예는 상상의 산물에 불과하다. 구현에 필요한 과학적 토대가 취약했기 때문이다.

한편 17세기 과학혁명 이후, 특히 18세기에 오토마타는 다양한 형태로 구체화된다. 이런 맥락에서 볼 때 오토마타는 상상(신화)과 현실(과학) 사이에서 꾸준히 진화해 왔다고 할 수 있다.

인간의 지적 활동을 모방하는 오토마타의 예는 자케-드로의 안드로이드다. 그의 오토마타 '설명서'는 세 가지 오토마타에 대해 상세히 기술하는데, 가장 놀라운 것은 글 쓰는 소년 인형이라고 언급한다. 이 오토마톤Automaton은 마치 살아 있는 사람처럼 받아쓰기를 한다고 설명서는 주장한다. 펜에 잉크가 떨어지면 손을 잉크병으로 옮겨 잉크를 묻히고, 잉크가 너무 많이 묻으면 흔들어 떨어 내기도 한다.

---

46 Diderot, Devis and Jean Le Rond d'Alembert. *Encyclop die Tome 1*, Paris, 1751, p. 896.

이 '소년'의 행위는 세 가지로 제한된다. 철자를 완성하기 위해 손을 좌우로 혹은 상하로 움직이는 것, 글자의 섬세함을 얻어 내기 위해 손을 종이에 기대는 것이 전부다. 이 '동작'은 오토마톤의 등 쪽에 설치된 기계장치를 통해 이루어지는데, 크게 두 가지 구조로 나뉜다. 위쪽은 캠Cam을 겹겹이 쌓아 놓은 부분으로, 수직축의 주변을 회전하면서 오토마톤의 손이 쥐고 있는 금속 막대기(펜)에 연결된 레버의 움직임을 왕복운동으로 바꿔 준다. 철자를 쓰는 데 필요한 캠은 세 종류로 회전운동을 좌우로, 앞뒤로, 상하로 바꿔 준다. 각각의 캠은 오토마톤의 손에 연결된 세 레버의 움직임을 왕복운동으로 바꾸면서 회전한다. 즉 세 개의 캠이 궁극적으로 글자를 형성하는 핵심 장치다.

아래쪽은 캠 덩어리를 떠받치고 있는 원반 형태의 부분으로 원하는 글자에 부합하는 캠이 레버 앞으로 연속해서 나오도록 도와주는 역할을 한다. 따라서 이 '원반'은 중단 없이 글자를 쓸 수 있게 하는 장치다. 이 두 부분(캠과 원반)은 용수철과 톱니를 통해 동력을 부여받는다. 그림 그리는 오토마톤은 4세가량의 어린 소년의 형상이며, 한 가지 주제가 아니라 루이 15세의 초상화 등 다양한 여러 형상을 그릴 수 있다. 그리고 이 모든 행위는 외부와의 소통 없이 이루어진다. 원리는 글 쓰는 오토마톤과 비슷하지만 캠의 수는 더 적다.

다음은 피아노를 연주하는 오토마톤이다. 젊은 여성의 모습으로 제작됐으며, 여러 곡을 연주하는 동안 마치 숨을 쉬듯 상체를 움직이며 눈을 깜빡거리기도 한다.

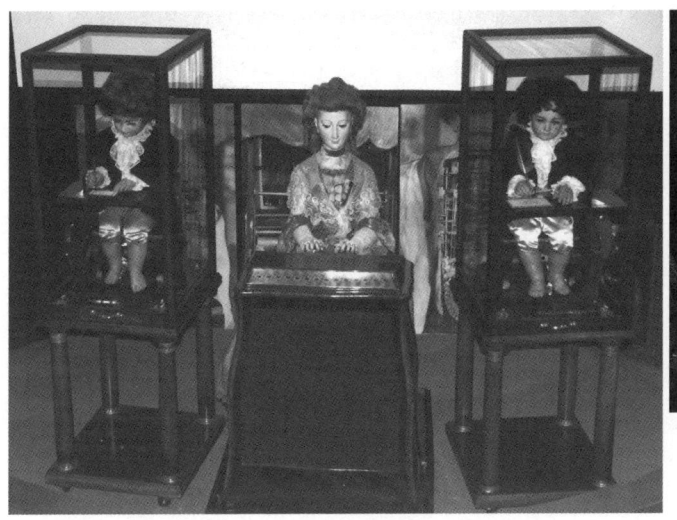

그림 13. 자케-드로 부자의 오토마타(좌)와 글쓰는 오토마톤(우)[47]

(2) 팅겔리의 '메타-마틱스'와 프로그램 기계

기계미학에 영향을 받아 조각의 영역을 확장했다고 평가받는 대표적인 예술가는 장 팅겔리Jean Tinguely다. 그가 1950년대부터 제작한 〈메타-마틱스Méta-Matics〉 연작은 고철과 전기모터를 활용하여 스스로 그림을 그릴 수 있도록 제작된 자동기계다. 본래 팅겔리는 1954년에 발표한 작품 〈자동인형, 기계 조각과 릴리프Automates, sculptures et reliefs mécaniques]〉에서 기하학적 형상들에 모터를 부착하여 움직임을 부여한 키네틱 오브제를 제시한 바 있다.

---

[47] 이미지 출처 : https://commons.wikimedia.org/w/index.php?search=Jaquet-Droz+automata&title=Special:MediaSearch&go=Go&type=image

이 오브제는 이듬해에 〈데생 기계Machine à dessiner〉라는 작품으로 재탄생한다. 흰 종이에 싸인 원형 디스크 위에 기계 팔이 나선을 그려 내는 구조를 취한 이 작품은 팅겔리의 첫 〈메타-마틱〉 연작이다. 이후 1983년에 니키 드 생 팔Niki de Saint Phalle과 함께 제작한 〈스트라빈스키 분수〉는 '오토마타 분수Fontaine des Automates'로도 불리는데, 총 16개의 기계가 물줄기의 압력만으로 다양한 움직임을 만들어 내도록 설계됐다.

> **Tip** 장 팅겔리(Jean Tinguely, 1925-1991)
>
> 스위스에서 출생하여 프랑스에서 활동한 예술가. 1960년대 누보 레알리즘 운동에 참여하면서 이름을 알리기 시작했으며 고철과 기계 부속품을 활용하여 키네틱 아트 분야에서 뛰어난 성과를 남겼다. 대표작으로는 〈카오스〉(1974), 〈팅겔리 분수〉(1977), 〈스트라빈스키 분수〉(1983) 등이 있다.
>
>
> 그림 15. 장 팅겔리, 〈메타마틱 10Méta-Matic No. 10〉, 1959.

기계의 자동성이라는 개념에 기초하여 팅겔리가 제작한 상징적인 작품은 〈뉴욕 오마주Hommage to New York〉이다. 1960년 3월 17일 뉴욕 현대미술관 정원에 설치된 이 작품은 피아노와 12개의 바퀴, 각종 도르레와 기어, 두 대의 자동차, 거대한 풍선 등으로 구성된 약 8.2m 높이의 구조물로 약 30분간 작동하다가 자동 해체되도록 프로그램되었다. 전기 엔지니어 빌리 클뤼버Billy Klüver의 조력을 받아 제작된 이 구조물은 산업화 시대에 예술이 처해 있는 딜레마와 부조리를 상징하는 작품으로 평가받는다. 생산의 기계화와 자동성에 주목하면서 자기 해체를 통해 산업사회 예술의 생산과 수용에 대해 근본적인 질문을 제기했다는 것이다.

한편 그에 앞서 제작된 〈메타마틱스Metamatics〉(1955~1959) 시리즈는 자케-드로의 안드로이드처럼 스스로 그림을 그리는 자동기계다. 오토바이 엔진과 휘발유, 거대한 송풍기로 작동하며 움직임은 바퀴의 회전운동을 통해 이루어진다. 이 자동기계가 그려 내는 형상은 자케-드로의 안드로이드와 달리 '추상표현주의'에 가까운데, 1959년 파리 비엔날레에 출품된 〈메타마틱 17〉은 40,000점 이상의 드로잉을 제작한 바 있다. 팅겔리의 이런 시도는 당시 화가들에게 '고의적 도발'로 비치기도 했으나 정작 그의 의도는 다른 데 있다. 이미 수 세기 전 '엔지니어'로부터 시작된 기계의 '자동성'이 새로운 문화 환경에서 지니는 의미를 탐색해 보자는 것이다. 요컨대 자케-드로의 안드로이드는 프로그램된 형상만을 그렸으나 〈메타마틱스〉는 '제멋대로', 말하자면 '예측 불가능한' 그림을 그린다. 결국 팅겔리의 실험은 자동기계를 통한 새로운 예술의 생산 가능성이다.

18세기 오토마타의 탁월함은 정교한 수공예적 완성도, 즉 유기체의 생리학(모습과 동작)을 탁월하게 재현해 내는 능력에 있었다. 한편 〈메타마틱스〉에서 보듯 20세기 미술의 자동기계는 18세기 오토마타가 배제하고자 했던 (무)능력을 적극 끌어들인다. 그것은 현대미술이 자동기계에서 발견한 새로운 힘이다.

(3) 로봇 미술: 센서와 제어장치

유기체의 생명현상에 대한 모방은 로봇 미술의 근간을 지탱하는 핵심 문제다. 로봇 미술의 역사에서 선구적인 작품 중 하나로 평가받는 에드워드 이나토비츠Edward Ihnatowicz의 〈센스터 Senster〉(1969~1970)가 그 예다. 강철 골조로 구성된 이 로봇은 철탑이나 기린의 형상과 유사하며 가재의 집게발과 비슷한 지지대를 갖추고 있다. 약 4.9m 길이에 약 2.4m 높이의 이 로봇은 전기 유압장치를 사용하여 전기모터의 기계 에너지를 유압 에너지로 변환하여 작동하도록 고안됐다.

로봇의 움직임은 주변 환경의 미세한 변화에 즉각 반응한다. 이는 몸통에 장착된 집음 마이크와 도플러 레이더의 상호작용 덕분에 가능하다. 집음 마이크는 로봇 주변에서 발생하는 소리를 즉각 감지하고 레이더는 도플러 효과에 따라 거리를 계산하여 주변 환경의 변화 양상, 예컨대 관람자의 움직임을 지각하여 '행동'하는 것이다.

관람자의 행동에 반응하는 로봇은 빌 본Bill Vorn의 작업에서 한 걸음 더 나아간다. 그의 〈히스테리 기계Hysterical Machines〉(2006)은 이나토비츠의 〈센스터〉와 유사한 맥락에 있으나, 로봇의 움직임 및 관람자와의 쌍방향소통 방식은 한층 풍부해졌다. 본은 2002년부터 시작한 〈전히스테리 기계Prehysterical Machines〉 이후 10개의 유사 로봇을 제작했고 이를 〈히스테리 기계〉에 통합시킨 후, 다시 최종적으로 〈메가 히스테리 기계〉(2010)로 발전시켰다.

세 작품의 원리와 형태는 동일하나 기능과 복잡성에 약간의 차이가 있다. 이 로봇은 튜브 형태의 알루미늄으로 제작됐으며, 구형의 몸통에 8개의 다리가 붙어 있어 거미류의 형상을 하고 있다. 로봇은 자율신경 시스템과 유사한 방식으로 기능하는 감지, 작동, 통제의 세 시스템으로 구성된다. 이는 유기체의 '자율적' 운동에 가장 가까운 작동방식을 구현하기 위한 것이다. 로봇의 몸통은 천장에 매달린 상태고 인조 팔은 밸브와 공기압의 힘으로 작동한다. 로봇은 관람자의 움직임을 초음파탐지기로 감지하면서 외부 자극에 반응하는데, 로봇의 행동에 특별한 규범은 없다. 인공적으로 탑재된 '자율신경 시스템'에 따라 움직이는 까닭에 외부 자극과 행위 사이에 일정한 규칙을 찾아볼 수 없고, 다만 다양한 해석만이 가능할 뿐이다.

본은 분절된 금속 구조물에 불과한 이 존재에 대해 관람자들의 공감을 이끌어 내는 것이 이 작업의 목적이라고 주장한다. 사실 로봇의 형상이 절지류(예컨대 거미)와 닮았다는 점에서, 그리고 발작적인 동작의 불규칙함 때문에 관람자들은 이 로봇을 열등한 존재로 인식할 수 있다. 하지만 반대로 로봇의 동작이 지닌 불완전함과 '하등동물'의 형상이 관람자들의 '연민'을 불러일으킨다는 관점도 있다. 실제로 로봇의 움직임은 센서에서 시작하여 제어장치로 끝나지만, 그 연속적인(발작적인) 동작에 특별한 의미는 없다.

2. 디지털 기술의 도입

(1) 가상현실의 탐구

디지털 기술의 보급으로 이미지의 생산방식은 큰 변화를 맞았다. 가장 눈에 띄는 변화는 사진 분야에서 나타났다. 이미지의 수정과 합성, 변형이 간편하고 정교해지면서 전통적인 의미에서의 사진은 사라졌다는 주장이 제기되기도 했다. 이제 사진은 현실의 기록, 도큐먼트라는 지위를 잃고 허구와 가상, 시뮬라크룸Simulácrum의 세계를 찾게 됐다는 것이다. 가상현실은 디지털 기술과 더불어 심미적 경험의 핵심 요소가 됐다.

지표이론을 통해 불완전하게나마 구축됐던 사진의 '존재론'은 1990년대의 이른바 '디지털 혁명'을 맞아 격렬한 논쟁의 소용돌이에 휩쓸려 들어간다. 아날로그와 디지털, 실재와 가상의 이분법에 따라 사진과 사진 이후를 구분하면서 '포스트 포토그래피Post Photography' 시대의 개막을 주장하는 목소리가 힘을 얻기 시작했다. 윌리엄 미첼William J. Mitchell, 프레드 리친Fred Ritchin 등 이 논의를 주도한 이론가들에 따르면 디지털 사진은 기존의 아날로그 사진과 '근본적으로' 다르다. 미첼은 연속적인 Continuous 아날로그 정보와 불연속적인Discrete인 디지털 정보의 차이에 주목하여 두 기술을 통한 재현방식이 결정적으로 다르다고 주장한다. 예를 들면 경사로를 내려오는 발걸음이 연속적인 행위인 데 비해 계단을 내려오는 동작은 불연속적 행위로, 후자의 경우 계단 수를 셀 수 있다는 것이다. 이런 관점에서 보자면 아날로그 사진의 '연속적인' 톤에서 정보의 총합은 무한정

Indefinite하다. 반면 디지털 사진의 경우 정보의 총량은 결정돼 있는데, 왜냐하면 디지털 사진의 최소 단위는 픽셀로 '고정되어' 있어 그 단위가 가시적이 될 때까지 확대하면 더 이상 아무런 새로운 정보도 제공하지 않기 때문이다.

> **Tip 포스트 포토그래피**
>
> 디지털 기술이 보급되고 포토샵을 통해 사진의 합성이 손쉬워지면서 기존의 아날로그 사진과의 차별성을 강조하기 위해 사용된 용어다. 아날로그 사진이 기록, 도큐먼트, 실재 등의 개념과 밀착되어 있다면 디지털 사진은 허구, 가상 등의 개념과 관계한다는 것이다. 따라서 포스트 포토그래피는 사진 이후에 새롭게 출현한 디지털 사진을 가리킨다.

이미지의 구조가 갖는 이 차이로부터 이미지 생산의 차원에서도 중요한 변화가 생겨난다. 디지털 이미지를 처리하는 기본적인 방법은 특정한 톤과 컬러를 얻어 내기 위해 픽셀에 일정한 숫자 값을 부여하는 것이다. 완성된 이미지는 화면 전체를 구성하는 픽셀에 부여된 숫자 값의 총합으로 이루어진다. 여기서 픽셀을 선택하기 위해 컴퓨터 그래픽에서처럼 커서를 사용하는데, 이는 일종의 '전자 그림'으로 '회화' 시스템과 다르지 않다.

이렇게 픽셀값의 종합으로 구성된 디지털 사진은 자유로운 조합과 수정, 변형이 가능하다. 미첼은 레일랜더와 로빈슨, 허트필드를 거론하며 아날로그 사진에서도 이미지의 조작이 있었지만 이런 변형과 조합은 기술적으로 어려웠다는 점을 강조한다. 결국 "디지털 정보의 본질적인 특성은 컴퓨터를 통해 쉽고 빠르게 조작이 가능"하다는 점에 있다는 것이다. 미첼은 디지털 사진의 이 '가변성Mutability'과 '조작Manipulation'이 모더니즘 사진을 지배해 온 '객관성' 패러다임의 종언을 뜻한다고 주장한다.

실제로 1990년대 이후 디지털 기술은 미술 현장에서 광범위하게 활용된다. 특히 사진의 영역에서 '조작'은 가상을 탐구하는 가장 손쉬운 방법으로 등장한다. 모더니즘 사진의 '완강했던' 객관성에의 요구가 쇠퇴한 대신, 디지털 합성과 변형을 통한 허구의 세계가 '실재'의 가면을 쓰고 빠르게 밀려오기 시작했다. 이와 더불어 미술 현장에서 디지털 기술은 다양한 기술 매체와 맞물리면서 뉴미디어아트로 불릴 만한 새로운 '흐름'을 만들어 내기 시작했다.

이제 디지털은 '특별한' 기술이 아니라 모든 기술 매체를 지배하는 '원리'가 됐다. 그리고 그 기술 매체들은 컴퓨터로 수렴한다. 일일이 열거할 수 없을 만큼 다양한 기술 매체는 컴퓨터라는 엔진에 의해 작동하며, 거기서 생산, 처리되는 정보는 숫자 데이터로 환원된다. 그런 점에서 기술 매체의 '고전적인' 구분, 예컨대 사진(비트맵 기반의 디지털 이미지)과 컴퓨터 그래픽(벡터 기반의 디지털 이미지)의 구분은 별 의미가 없다. 이들은 모두 컴퓨터로 운용하는 디지털 매체일 따름이다.

(2) 이미지 생산의 도구들: 손에서 알고리즘으로

디지털 기술이 이미지 생산을 주도하면서 생겨난 중요한 변화는 인간의 개입이 현저하게 줄어들었다는 점이다. 본래 이미지 생산은 사람의 손이 담당했다. 사진의 발명과 더불어 생산의 주체히 카메라라는 장치로 대체됐으나 여전히 인간의 역할이 중요했다. 한편 디지털 사진의 합성과 변형을 주도하는 포토샵의 경우 이미지 생산은 알고리즘에 의해 자동으로 결정된다.

디지털 시뮬라크룸의 구체적인 실현 기술은 여러 가지다. 가장 토대가 되는 기술은 자르기Cutting와 붙이기Pasting다. 이는 인접 픽셀들을 단위별로 선택하여 그들의 픽셀값을 픽셀 그리드 좌표계의 새로운 위치에 복제하는 방법이다. 이 행위는 커서의 위치 이동으로 이루어지며, 원래 위치에서의 픽셀값이 새로운 위치에서 불변이면 복제 효과가 발생한다.

자르기와 붙이기는 한 장의 이미지 내에서뿐만 아니라 서로 다른 이미지들 사이에서도 가능하다. 따라서 한 장의 사진에서 부분적인 요소를 삭제하거나 다른 요소를 동일 사진에 추가할 수 있다.

다음은 회전Rotating과 반영Reflecting이다. 자르기와 붙이기가 선택한 요소들을 새로운 위치로 이동시키는 방법이라면 회전과 반영은 이를 확대 적용한 기술로, 일종의 '기하학적 변형Geometric Transformation'이라 할 수 있다. 기본적인 방법은 이미지를 90도로 여러 번 회전시키는 것이다. 180도로 수직, 혹은 수평 회전시켰을 때 반영의 효과가 나타난다. 이때 회전된 픽셀값은 원본 픽셀의 그것과 정확히 일치하지 않을 수 있다. 각 픽셀의 좌표값이 달라질 수 있기 때문이다.

그 밖에 아날로그 사진에서 활용됐던 다양한 이미지 변형 기술은 디지털 사진에서도 똑같이 적용될 수 있다. 예컨대 크기 조절Scaling은 카메라와 렌즈의 선택 등을 통해 가능했다. 이때 변화의 효과는 원근법적 투사Perspective Projection의 원리에 기초하여 생겨난다. 요컨대 투사 이미지는 원근법의 기하학 원리에 따라 닮음은 유지하되 거리에 비례하여 크기가 달라진다.

디지털 이미지에서도 이 원리는 똑같이 적용된다. 두 가지 시각적 효과를 활용할 수 있다. 첫째, 동일한 지점에 위치하면서 크기에 변화가 생긴 것처럼 보이는 경우. 둘째, 크기는 같지만 공간의 앞이나 뒤로 이동한 것처럼 보이는 경우. 이는 디지털 콜라주의 기본인 자르기와 붙이기의 복합적인 적용을 통해 가능하다.

디지털 콜라주의 여러 형태들은 시뮬라크룸의 효과라는 측면에서 다양성을 갖지만 새롭게 재구성된 이미지 내에서 구성요소들이 개별적인 요소로 고스란히 남는다는 공통점을 지닌다. 이는 아날로그 조합 인화나 포토몽타주의 각 부분들이 자신의 고유한 시공간을 보존하고 있다는 뜻이다.

한편 다중노출이나 골턴의 합성초상의 경우처럼 디지털 시뮬라크룸에서도 손쉬운 합성Blending이 가능하다. 대표적인 예는 낸시 버슨Nancy Burson의 합성초상 연작이다. 〈합성미Beauty Composite〉(1982), 〈핵탄두Warhead〉(1985)는 골턴의 '평균 이미지' 개념을 디지털 방식으로 적용한 결과다. 〈합성미〉에서는 6명의 허리우드 영화배우의 초상을 합성했으며, 〈핵탄두〉는 핵보유국 국가원수의 초상을 각 국가가 보유한 핵탄두의 숫자에 비례하여 합성한 작품이다. 이때 합성초상은 각 사진의 픽셀값의 평균을 계산하여 산출된다. 여기에 사용된 합성기술은 알파 버퍼Alpha Buffer로, 하나의 이미지를 다른 이미지에 겹칠 때 바탕 이미지를 불투명하게 덮어 버리는 효과를 방지하고 투명한 상태로 합성이 이루어지도록 하는 블렌딩 기술이다.

> **Tip** 낸시 버슨(1948~)
>
> 컴퓨터 몰핑Morphing 기법으로 만들어 낸 합성사진으로 널리 알려진 미국의 미디어 아티스트이자 사진작가다. 존재하지 않는 가상의 인물을 사진으로 합성하면서 주목받기 시작했다. 대표작으로는 〈합성미〉, 〈핵탄두〉 등이 있다.
>
> 그림 16. 낸시 버슨, 〈합성미 1: 베티 데이비스, 오드리 헵번, 그레이스 켈리, 소피아 로렌, 매릴린 먼로First Beauty Composite: Bette Davis, Audrey Hepburn, Grace Kelly, Sophia Loren & Marilyn Monroe〉(1982)와 〈합성미 2: 제인 폰다, 재클린 비셋, 다이안 키튼, 브룩 실즈, 메릴 스트립Second Beauty Composite: Jane Fonda, Jaqueline Bisset, Diane Keaton, Brooke Shields & Meryl Streep〉(1982).

디지털 콜라주의 '실재 효과'를 극대화하기 위한 리터칭Retouching 소프트웨어도 중요하다. 조합 인화와 포토몽타주에서도 리터칭 수작업은 접합 부분의 경계를 희미하게 처리하는 데 필수적이었다. 래일렌더와 로빈슨, 이후 포토몽타주 제작자들의 기술적 연구를 통해 일반화된 방법은 조합한 사진의 재촬영을 거쳐 3단계로 이루어진다.

우선 의도하는 장면을 만들기 위해 여러 장의 사진을 잘라 다른 평면 위에 오려붙인다. 이때 활용된 사진은 기존 이미지일 수도 있고, 촬영을 통해 확보할 수도 있다. 이렇게 얻어 낸 이미지를 재촬영하여 다시 두 번째 사진을 인화한다. 이때 접합 부분이 눈에 띄지 않도록 연필이나 에어브러시를 사용하여 가장자리 부분을 희미하게 처리한다. 이 세 번째 사진을 다시 재촬영하여 최종적인 네거티브 원판을 얻어 낸다. 이 과정을 거쳐 제작된 이미지에서 수작업의 흔적은 거의 찾아볼 수 없다. 결국 아날로그 방식의 시뮬라크룸 생산에는 사진의 기술과 회화의 기술이 섞여 있는 셈이다.

디지털 사진에서의 리터칭도 유사한 방식으로 진행된다. 다만 차이는 리터칭 도구가 연필이나 붓에서 소프트웨어로 바뀌었다는 점이다. 그것이 예를 들면 브러시나 연필, 펜, 지우개와 같은 포토샵의 기본 도구들이며, 이 도구들은 마우스와 커서의 이동에 연동된 프로그램으로 작동한다. 리터칭을 통해 얻어 낸 디지털 콜라주의 '실재 효과'는 실상 아날로그 방식의 조합 인화에서와 다르지 않다. 디지털 콜라주는 사진의 시공간적 통일성을 '은밀하게' 와해시켜 시뮬라크룸을 실재와 구분할 수 없게 만든다. 그 결과 사진은 이제 목격자의 지위를 잃고 가상 세계를 창출하는 임무를 부여받는다.

3. 컴퓨터와 미디어아트

(1) 뉴미디어의 원리

미디어 이론가 레프 마노비치는 컴퓨터 기반의 기술매체를 '뉴미디어'로 정의하며 그 원리를 다섯 가지로 정리한다. 수적 재현 Numerical representation, 모듈성 Modularity, 자동화 Automation, 가변성 Variability, 코드 변환 Transcoding이 그것이다.

첫째, 수적 재현. 뉴미디어가 처리하는 모든 정보는 수학적으로 표현 가능한데, 예를 들면 이미지나 형상을 함수로 기술할 수 있다. 그리고 그 정보는 알고리즘의 지배를 받는다. 따라서 적합한 알고리즘을 활용하여 한 장의 사진에서 자동으로 노이즈를 제거하거나 콘트라스트를 바꿀 수 있다. 수적 재현은 연속적인 아날로그 정보를 불연속적인 디지털 정보로 전환함을 뜻하며, 이는 샘플링과 수량화 Quantization의 두 단계를 거쳐 진행된다. 샘플링은 연속적인 데이터로부터 일정한 간격에 따라 표본을 추출하는 단계로, 이미지의 경우 빈도수가 해상도를 결정한다. 이 샘플링을 통해 연속적인 데이터는 불연속적인 데이터로 전환된다. 수량화 단계에서는 한정된 범위로부터 끌어온 숫자 값, 예컨대 8비트 그레이스케일 이미지의 경우 0~255의 수치를 각 샘플에 부여한다.

둘째, 모듈성. 이를 마노비치는 "뉴미디어의 프랙탈 구조"라 표현하면서 그 특성이 규모는 달라도 구조는 같다는 데 있다고 설명한다. 컴퓨터가 상이한 여러 형태의 아날로그 정보를 함께 처리할 수 있는 까닭이 여기에 있다. 예컨대 이미지와 동영상, 소리나 문자는 픽셀이나 폴리곤Polygon, 복셀Voxel, 스크립트 Script 등 상이한 모듈로 표상된다. 그리고 이 각각의 정보는 더 넓은 범위의 정보처리 과정, 예를 들어 문자와 이미지를 결합할 때 본래 정보의 동일성을 유지할 수 있도록 해 준다.

셋째, 자동화. 뉴미디어는 수적 재현과 모듈성의 원리에 따라 진행되는 정보처리 과정에서 필연적으로 자동화를 수반한다. 여기서 인간의 의도는 부분적으로 배제될 수 있다.

마노비치는 이를 저차원 자동화와 고차원 자동화로 구분한다. 전자의 경우 이미지 편집과 수정, 보정을 수행하는 포토샵을 예로 들 수 있다. 여기서 이미지 처리는 사람의 손과 간단한 알고리즘의 '협업'으로 진행된다. 한편 마노비치는 고차원 자동화는 현재 진행 중인 연구로, 인공지능과 관련된 훨씬 폭넓은 기획의 일부에 속한다고 강조한다. AI 프로젝트가 시작된 1950년대 이래[48] 이 '고차원 자동화'의 속도는 매우 더딘 편이었는데, 기계학습에 관한 연구의 진일보와 더불어 상황은 급변하고 있다.

마노비치가 뉴미디어 이론을 발표했던 2000년대 초반과 비교하면 현재 AI의 자동화는 비약적으로 발전했다. 실상 1990년대 뉴미디어의 영역에서 컴퓨터와 AI의 접목은 주로 게임 분야가 주도하여, 상업적인 게임은 소위 'AI 엔진'을 탑재하고 있었다. 이 엔진은 인간 지능을 모방하기 위해 규칙 기반 기계학습에서부터 인공신경망까지 현재 AI 알고리즘에 적용된 '초기' 모델을 활용했다. 그러나 이 초기의 인공신경망은 과적합 등의 문

---

[48] 이 프로젝트는 1956년에 개최된 다트머스 콘퍼런스를 가리킨다.

제로 학습을 일반화하기 어려울 뿐만 아니라 시간과 용량에서도 한계가 있었다. 또한 IBM의 AI 딥블루가 세계 체스 챔피언을 꺾은 해가 1997년이었지만 당시 AI의 학습능력은 보잘것없었으며 개와 고양이조차 구분하지 못하는 형편이었다. 그런데 구글 딥마인드의 알파고가 2016년 바둑 게임에 등장하면서 AI의 놀라운 학습능력이 입증됐다. 이른바 딥러닝 덕분이다. 인공신경망 분야에서도 콘볼루션 신경망Convolutional Neural Network, CNN의 도입으로 AI의 이미지 인식 능력은 비약적으로 향상됐다. 포토샵과 같은 '저차원' 자동화는 이제 이미지 처리에 적용된 수많은 다른 알고리즘의 '고차원' 자동화로 대체되어 가는 추세다.

넷째, 가변성. 뉴미디어의 정보는 고정되어 있지 않고 잠재적으로 무한한 다른 버전으로 존재할 수 있다. 이 원리는 변이 가능성Mutable과 유동성Liquid이라는 다른 이름으로 치환 가능하며, 위의 세 원리(수적 재현, 모듈성, 자동화)와 밀접한 관계를 가진다.

실상 올드 미디어에서 정보는 '물질'에 저장됐다. 그리고 한번 저장된 정보의 구조는 고정되어 돌이킬 수 없는 결정성을 부여받았다. 텍스트는 종이 기반의 책을 통해, 사진 이미지는 필름이나 인화지에 저장되어 무수한 복제가 가능했지만 원본의 구조는 불변이었다. 디지털 복제의 경우에도 사정은 다르지 않았다. 원본으로부터 무한히 재생산할 수 있는 복제품은 원본과 완벽히 동일했다.

그런데 뉴미디어는 동일한 복제품 대신 원본과 다른 버전을 양산한다. 그리고 이 버전들은 보통 컴퓨터가 자동으로 모은 것이다. 웹디자이너들이 제작한 견본들을 사용하는 데이터베이스로부터 자동 생성되는 웹페이지가 그 예다. 또한 컴퓨터 운용 프로그램의 정기적인 업데이트도 이 원본의 다른 버전 생성에 속한다. 가변성이 자동화와 불가분의 관계에 있는 이유는 바로 그 때문이다.

다른 한편으로 가변성은 모듈성의 원리 덕분에 정보의 동일성을 유지하며 유사 버전을 생산할 수 있다. 대표적인 예는 하이퍼링크다. 텍스트와 이미지는 각각 자신의 모듈(스크립트, 비트맵) 안에서 고유정보의 동일성을 유지하는데, 하이퍼링크의 연결 구조는 이 두 상이한 요소를 같은 페이지에 배치함으로써 다른 버전의 생산을 가능케 한다. 가변성은 이처럼 자동화와 모듈성의 원리로부터 나온 결과지만 좀 더 근본적으로는 상수 Constant보다 변수Variable를 통해 새로운 데이터를 산출하는 프로그램의 원리에서 기인한다.

컴퓨터 프로그램은 주어진 문제에 대한 해답을 찾아내기 위해 작성된 함수로 구성된다. 이때 프로그램이 산출하는 무수한 데이터는 함수에 다양한 변수를 추가함으로써 무작위로 제공된다. 어떤 데이터가 정답에 가까운지 판단하는 것은 사람의 몫이고, 프로그램은 정답에 가까운 근사치를 확률분포로 제시한다. 결국 사용자는 변수가 제공하는 무수한 데이터를 자유롭게 선택할 수 있고, 그 선택은 곧 주어진 데이터의 변화 가능성을 뜻한다. 예컨대 카카오톡의 프로필 창을 클릭 하나로 쉽게 바꾸는 행위처럼 말이다.

다섯째, 코드변환. 수적 재현과 모듈성이 뉴미디어의 형식논리에 해당한다면, 자동화와 가변성은 그 '물리적 구조'에서 비롯된 내재적 속성이라 할 수 있다.[49] 마노비치는 코드변환이 위의 네 가지 원리에 따라 미디어가 컴퓨터화Computarization되는 과정에서 발생하는 가장 본질적인 문제라고 본다. '미디어의 컴퓨터화'가 뜻하는 바는 구체적으로 무엇일까? 마노비치는 이를 미디어가 컴퓨터 데이터로 전환됨을 가리킨다고 주장한다. 여기서 컴퓨터 데이터는 '구조적으로는' 숫자 코드로 존재하지만 사용자에게는 아날로그 기호로 주어진다. 예컨대 텍스트 파일은 문자로, 비트맵 파일은 사진으로 컴퓨터 스크린에 나타난다.

말하자면 컴퓨터의 내적 구조는 알고리즘과 모듈 등 디지털 코드를 따르지만 그 '해석'은 인간의 '문화적 코드'에 의거하여 이루어지는 셈이다. 마노비치는 컴퓨터 이미지를 사례로 이 문제를 설명한다. 재현의 관점에서 보면 컴퓨터 이미지(그래픽, 사진)는 선사시대 동굴벽화에서부터 르네상스의 원근법 회화, 사진을 관통하는 인류 문화의 한 축에 위치한다. 하지만 기계의 관점에서 보면 그 이미지는 픽셀의 RGB 값을 표시하는 숫자로 구성된 파일에 불과하다. 이 차이가 가리키는 바는 명확하다. 요컨대 컴퓨터는 이미지의 내용이나 형식, 의미 등에 대해 '무관심'한 반면, 이미지 파일의 크기와 종류(jpeg, png, gif), 압축방식 등에만 관심이 있다. 이것이 컴퓨터만의 고유한 우주다. 결국 컴퓨터화된 미디어는 전혀 상이한 두 층, 즉 문화적 층위Cultural Layer와 컴퓨터 층위Computer Layer로 구성된다.

---

[49] 마노비치는 수적 코딩과 모듈적 구성을 뉴미디어의 '물질적(material) 원리'라고 규정한다. 자동화와 가변성은 그것이 야기한 '결과'로서의 원리에 해당한다.

이 두 층위의 공존이 말하는 바는 다음과 같다. 만약 뉴미디어가 컴퓨터로 생산, 배포, 저장된다면 그 논리가 전통적인 미디어의 논리에 지대한 영향을 미칠 수밖에 없다. 요컨대 컴퓨터 층위가 문화적 층위를 지배한다. 따라서 뉴미디어 시대의 문화를 이해하기 위해서는 컴퓨터 층위를 규정하는 "컴퓨터의 존재론, 인식론, 화용론"을 고려해야 한다. 그러나 컴퓨터 층위가 일방적으로 문화적 층위를 규정하는 것만은 아니고 역방향의 영향 관계도 발생한다. 이는 컴퓨터의 하드웨어와 소프트웨어가 지속적으로 발전하고 문화적 층위의 변화에 따라 새로운 프로그램이 개발, 상용화된다는 점에서 입증된다. 말하자면 두 층위는 서로 영향을 주고받는다. 마노비치는 이를 두 층위의 '합성Composite'이라 부르며, 그 결과로 생겨난 새로운 컴퓨터 문화는 인간과 컴퓨터의 의미가 섞이는 데 있다고 주장한다. 이 지점에서 인간과 컴퓨터 간 인터페이스의 중요성이 부각된다.

(2) AI 프로젝트와 컴퓨터 프로그램

마노비치는 뉴미디어의 원리 중의 하나를 '프로그램 가능성'으로 정의했다. 이 규정은 수적 재현의 원리, 다시 말해 문자와 이미지, 소리 등을 포괄하는 모든 정보를 함수로 기술 가능한 알고리즘을 통해 수로 표현할 수 있다는 데 근거를 두고 있다. 이는 인간의 언어를 기계의 언어로 바꿀 수 있다는 단순한 사실만을 뜻하지는 않는다. 이 말은 우선 올드 미디어가 '스스로' 작동할 수 있음을 가리킨다.

본래 올드 미디어가 정보를 생산하려면 작동자, 즉 인간이 개입해야 했다. 이때 정보는 인간의 의도대로 산출된다. 한편 프로그램된 미디어는 '자동으로' 정보를 산출한다. 이는 앞에서 마노비치가 '고차원' 자동화라 불렀던 뉴미디어의 발전 방향으로, AI 프로젝트의 진행 과정에서 구체화된 원리다. 이 프로젝트가 내걸었던 당초의 문제의식은 기계가 지능과 학습의 모든 측면을 정확히 시뮬레이션하도록 제작될 수 있다는 가설에서 출발한다. 여기서 관건은 기계가 어떻게 언어와 개념, 추상적 형태 등을 활용하여 인간에게 주어진 문제를 해결할 수 있도록 프로그램할 것인가에 있다.

    이를 위해 다트머스 콘퍼런스에서 제안된 구체적 의제는 총 일곱 가지로, 컴퓨터의 자동화, 컴퓨터가 자연어를 사용하도록 프로그램하는 방법, 뉴런 연결망(인공신경망), 계산의 규모에 관한 이론, 컴퓨터의 자기 개선, 데이터의 추상화, 데이터 산출의 무작위성과 창의성이다.

3장
'창작기계'를 향하여

1. 학습에서 창작으로

(1) 최초의 AI 화가 아론

아론Aaron은 데생과 드로잉에서뿐만 아니라 채색의 차원에서도 독창적인 스타일을 구축하면서 1970년대부터 현재까지 꾸준히 '진화'를 거듭해 온 인공지능 모델이다. 코헨의 대원칙은 간명하다. 컴퓨터 프로그램이 생산한 '자국Mark'이 하나의 '이미지'로 인식되려면 관람자들에게 인간이 만들어 낸 것처럼 보여야 한다는 것이다.[50] 이를 위해 코헨은 아론의 사고가 지면과 형상, 열

---

50 Cohen, Harold. "The Further exploits of AARON, Painter." *SEHR*, Vol. 4, Issue 2: Constructions of the mind, 1995, p. 1~2.

린 형태와 닫힌 형태의 구분 등 가장 단순한 지각에서 차츰 복잡한 지각으로 나아가도록 프로그램했다. 그 과정에서 아론은 시스템 속에서 현재 무엇이 실행되고 있는지, 실행될 수 있는 것이 내재적으로 무엇에 의해 제약을 받는지, 이미 수행됐던 것이 무엇인지 등을 학습해 나갔다.

때로 아론의 데생은 코헨의 채색을 통해 보완되기도 했지만 1995년 이후 버전부터는 스스로 채색을 시작했다. 선과 색의 선택은 무작위로 이루어지기 때문에 어떤 그림이 나올지 예측할 수는 없다. 하지만 그럼에도 불구하고 아론은 자신의 스타일을 고수하며 그림을 그린다. 기존의 '문화적 코드'를 수용하는 과정에서 학습이 진행됐기 때문에 새로운 탐색 과정에서도 그 코드는 유지된다. 2009년 무렵 코헨은 "나는 일급 화가지만 아론은 세계적 수준의 화가"라고 언급하며 이 '컴퓨터 화가'의 눈부신 성장에 찬사를 보낸다. 즉 프로그램이 프로그래머의 수준을 넘어섰다는 것이다.

(2) 모방기계와 스타일 트랜스퍼

인공지능 예술의 가장 일반적인 형태는 스타일 트랜스퍼 기술을 적용하여 특정 예술가의 스타일을 구현하는 방법이다. '넥스트 렘브란트'나 구글의 '딥 드림' 등 사용자가 활용할 수 있도록 서비스를 제공하는 이미지 생성 플랫폼은 대부분 이 원리를 따르고 있다. 모네의 화풍, 고흐의 화풍 등 유명 화가의 그림을 학습하여 다른 이미지 생성에 적용하는 이 모델은 기계학습의 장단점을 잘 보여 준다. 요컨대 인공지능은 기계학습을 통해 특정 예술가의 스타일을 충실히 모방할 수 있다. 그런데 문제는 이 '모방 기계'가 현재의 독창성 패러다임과 부합하지 않는다는 데 있다.

(3) 창의적 프로그램: 유전 알고리즘

인공지능의 창의적 가능성은 진화 알고리즘, 혹은 유전 알고리즘이 산출하는 이미지에서 찾아볼 수 있다. 유전 알고리즘은 생물학적 진화의 모델을 시뮬레이션하여 실제 데이터의 산출에 적용한다. 핵심은 생물학적 진화는 항상 새롭다는 것이다. 유전 알고리즘 역시 결코 같은 결과가 산출될 수 없도록 프로그램되어 있다. 이는 보덴의 창의성 모델에 따르자면 역사적 창의성에 속한다. 진화 알고리즘은 디자인, 미디어아트, 영상 등 다양한 분야에서 활용되고 있다.

유전 알고리즘은 디지털 진화를 수행하는 프로그램으로 생물학적 진화 이론을 적용한 것이다. 즉 복제와 변이, 경쟁과 같은 자연 생태계에서의 진화 과정이 디지털 데이터 처리를 통해 인위적으로도 가능하다는 것이다. 예컨대 생물학적 번식은 디지털 유전자 복제를 통해, 변이는 데이터 구조를 불안정하게 처리함으로써 구현할 수 있다. 선택과 도태 역시 적합도 함수를 통해 조정이 가능하다.

유전 알고리즘을 정보 산출에 활용하는 이유는 진화의 결과는 항상 새롭고 창의적이며 예측 불가능하기 때문이다. 예컨대 생물학적 진화 과정에서 출현하는 개체는 결코 이전과 동일하지 않으며, 결국 이 원리를 적용한 디지털 진화의 결과물 역시 중복되지 않는다.

진화 알고리즘을 디자인 분야에 적용한 사례는 피터 벤틀리 Peter Bentley의 실용 디자인에서 찾아볼 수 있다. 벤틀리는 "생성적 진화 디자인 시스템"을 개발하여 테이블의 구성 요소들을 결합해 형태를 발전시켜 나가도록 했다. 테이블의 디자인에서 반드시 고려해야 할 점은 실용성을 유지해야 한다는 것이다. 이를 위해 벤틀리는 적합도 함수를 결정할 때 기존의 실용적 디자인의 사례들을 고려하여 테이블의 구성에 필요한 기본 원칙을 지키도록 했다. 즉 테이블의 위판은 평평해야 하고, 판을 지탱하는 다리는 수직이어야 한다는 점 등이다. 이 방식을 통해 산출된 테이블 디자인은 기존의 테이블에서 볼 수 없었던 창의적 결과물을 보여 주었다.

(4) 칼 심스와 크리스타 솜머러/로랑 미뇨노의 사례

칼 심스Karl Sims는 디지털 이미지의 진화를 정교한 컴퓨터 그래픽과 유전 알고리즘을 활용하여 실험한다. 〈유전 이미지Genetic images〉(1993)와 〈갈라파고스Galapagos〉(1997)가 대표적인 사례다. 퐁피두센터에 미디어 설치 형태로 전시됐던 〈유전 이미지〉는 컴퓨터가 만들어 낸 16개의 추상적 이미지를 스크린으로 보여 주고 관람자가 마음에 드는 이미지를 선택하도록 한 작품이다. 선택된 이미지는 살아남아 다음 세대로 진화해 나가고, 선택받지 못한 이미지는 '죽음'에 이르러 도태한다.

〈갈라파고스〉 역시 가상 유기체의 '인공 진화'라는 같은 주제를 다룬다. 12개의 컴퓨터 스크린이 각각 가상의 생명체를 이미지로 보여 주면 관람자는 가장 아름답다고 생각하는 개체를 선택한다. 선택받은 개체는 살아남아 교배와 번식을 거듭하고, 돌연변이를 낳기도 한다. 선택받지 못한 개체는 당연히 제거되고 그 컴퓨터는 살아남은 새로운 자손들에게 자리를 내준다. 자손들은 부모 세대의 복제이자 결합의 결과로, 그들의 유전자는 무작위적인 변이를 통해 대체된다. 때로 새롭게 태어난 돌연변이는 이전 세대에 비해 우월하여 이 과정이 반복됨에 따라 결국 새로운 개체는 이전 개체에 비해 아름다운 형태를 갖춘다. 관람자는 아름다운 개체를 선택하도록 제안받았기 때문이다. 관람자가 진화의 사이클을 주도하는 셈이다.

이 과정에서 컴퓨터와 관람자의 역할이 나뉜다. 우선 관람자는 가장 매력적인 형태를 지닌 개체를 선택함으로써 미학적인 정보의 공급자 역할을 한다. 컴퓨터는 공급받은 정보를 바탕으로 디지털 유기체의 유전자, 성장, 행위를 시뮬레이션한다. 이 관계로부터 인간과 기계의 협업이 가져올 수 있는 흥미로운 가능성이 생겨난다. 즉 〈갈라파고스〉가 산출해 내는 결과물은 인간이나 컴퓨터가 독자적으로 생산할 수 있는 범위를 '잠재적으로' 넘어선다. 왜냐하면 관람자(인간)가 선택을 통해 결과를 규정함에도 불구하고 그 선택은 프로그램 속에 설계돼 있지 않기 때문이다. 따라서 그들의 선택적 행위는 이 유전 시스템 속에서 '변수'로 우발적인 상황을 끌어들인다.

그림 17. 칼 심스, 〈갈라파고스〉(1997).

또한 〈갈라파고스〉의 유전자 코드와 결과물의 복잡성은 컴퓨터에 의해 관리되므로 진화의 결과는 인간의 설계 능력에 제한받지 않는다. 개연성과 비개연성의 복합적인 상호작용을 통해 새로운 가능성이 생겨나는 셈이다.

칼 심스가 이처럼 '인공 진화' 개념을 창작의 모티브로 끌어온 까닭도 여기에 있다. 컴퓨터 프로그램이라는 상수와 인간의 선택이라는 변수가 만나 고도의 복잡성을 산출해 내는 것이다. 심스의 대전제는 진화가 자연의 생물학적 차원에서뿐만 아니라 시뮬레이션을 통해 인위적으로도 가능하다는 점이다. 즉 그에게 유전 알고리즘Genetic Algorithms은 변이와 선택(도태)의 시뮬레이션 시스템을 활용하여 넓은 공간을 탐색하는 데 유용한 도구다.

그가 사용한 기본 개념은 유전자형(Genotype, 유전형질)과 표현형(Phenotype, 외적 형질)을 두 축으로, 유전자의 발현, 선택과 도태, 번식, 변이와 같은 생물학적 진화의 전 과정에 연계돼 있다. 심스는 이 개념들을 다음과 같이 정리한다.

유전자형은 개체의 탄생에 필요한 유전정보 코드로 생물학적 구조에서는 DNA로 구성된다. 인공 진화 시스템에서 유전자형은 여러 가지 형태로 표상되는데, 예컨대 이진법이나 여러 매개변수를 비롯하여 다양한 상징적 표현이 사용된다. 표현형은 개체 그 자체로 유전자형과 각종 규칙으로부터 생겨난다. 발현Expression은 유전자형에서 표현형이 생성되는 과정으로, 생물학적 진화에서는 DNA의 유전자 정보가 표출되는 절차에 해당한다. 이 과정에서 유전자형과 표현형 사이에 정보의 증폭이 발생한다. 선택과 도태Selection는 표현형의 적합성이 결정되는 과정이며, 적합성Fitness은 하나의 유기체가 생존과 번식을 할 수 있는 능력으로 인공진화에서는 평가를 통해 계산할 수 있다. 번식Reproduction은 이미 존재하는 유전자형으로부터 새로운 유전자형이 생성되는 과정이다. 또한 진화 과정에서 생겨나는 새로운 유전자형 속에서 변이나 돌연변이가 자주 발생한다. 특히 돌연변이는 결정론에 대한 급격한 반대급부로 작용한다. 선택과 도태는 표현형에 따라 결정되므로 일정한 규범이 있지만, 변이는 유전자형에 상응하여 무작위로 발생한다.

심스는 이와 같은 진화의 기본 개념을 디지털 진화에 적용한다. 여기에는 생물학적 진화가 물리적인 매개체(신체, 유전자 등)로부터 독립되어 있다는 점, 그리고 이 원리는 컴퓨터에도 구현될 수 있다는 전제가 바탕에 깔려 있다. 즉 진화에 필요한 조건만 충족되면 컴퓨터는 이 생물학적 과정을 똑같이 시뮬레이션할 수 있다는 것이다. 말하자면 "진화는 번식과 변이(돌연변이), 차별적 적합성Differential Fitness 또는 경쟁Competition이라는 세 조건이 충족되면 언제 어디서라도 발생"하기 때문에 "특별한 분자(DNA나 RNA)나 물질(예컨대 신체적 구현)이 필요치 않다."[51]

그렇다면 컴퓨터는 생물학적 진화를 어떤 방식으로 시뮬레이션할까?

자연에서 유전은 유전자 복제를 통해 이루어지고, 변이는 유

---

[51] Lehman, Joel et al. "The surprising creativity of digital evolution : a collection of anecdotes from the Evolutionary computation and artificial life research communities." Southhampton: University of Southhampton, 2018, p. 4.

전자 복제의 오류나 유전자 재조합에서 생겨난다. 선택은 하나의 유기체가 지닌 유전 질료를 존속시키기 위한 필요의 결과로 생존이나 번식의 형태를 취한다. 컴퓨터는 이 프로세스들을 진화 알고리즘Evolutionary Algorithm으로 구현한다. 예를 들면 번식은 메모리 속의 데이터 구조(예컨대 디지털 게놈)를 복제함으로써 가능하다. 변이는 이런 데이터 구조 사이에 임의로 불안 요소를 끌어들이는 방법을 통해 구현한다.

선택에는 자연선택과 인위선택이 있다. 생물학적 진화에서 인위선택은 예를 들어 말 사육사가 말의 몇몇 특질을 강화하기 위해 비슷한 특질을 지닌 개체들을 함께 사육하는 것으로 이루어질 수 있다. 빨리 달리는 말이나 체구가 작은 말을 함께 사육하는 것이 그 예다.

이 경우 선택은 인간의 의도를 반영한다. 디지털 진화의 경우도 다르지 않다. 프로그래머는 선택을 위한 자동화된 척도로 적합도 함수Fitness Function를 도입할 수 있다. 적합도 함수는 어떤 외적 형질이 다른 것에 비해 우월한지를 기술하는 척도가 되며, 진화를 위해 필요한 요소를 결정한다. 예컨대 두 발 달린 로봇의 걸음걸이를 안정화하기 위해 진화 알고리즘을 적용할 경우 적합도 함수는 로봇의 발이 떨어지기 전에 얼마나 멀리 다른 발을 내딛는지 계산해야 한다. 이 알고리즘에서 선택은 상대적으로 더 멀리 걸었던 로봇의 제어 장치들을 함께 훈련시키는 방식으로 구현될 수 있다. 목적은 당연히 후세대 로봇이 선대 로봇보다 더 멀리 걸음을 내딛도록 하는 것이다. 멀리 걷는 능력을 지닌 개체가 생존에 유리하기 때문이다.

디지털 선택에서 자주 사용되는 또 하나의 방식은 인위선택의 요소를 배제하는 것이다. 이 과정에는 어떠한 구체적 목표도 없고, 적합도 함수도 개입하지 않는다. 디지털 유기체들은 단지 생존과 번식에 필요한 인공 영양소가 될 수 있는 제한된 자원을 찾아 서로 경쟁할 뿐이다. 여기서 인공 영양소는 디지털 유기체의 코드를 복제하는 데 필요한 컴퓨터 CPU나 자신의 유전자 정보를 기록하기 위한 디지털 저장 공간 등이다. 이 과정에서 발생하는 변이들 중에서 어떤 유기체는 오래 생존해서 자신의 유전물질을 퍼뜨리거나 번식을 해 나가고, 그렇지 못한 유기체는 사멸한다.

크리스타 솜머러Christa Sommerer와 로랑 미뇨노Laurent Mignoneau도 칼 심스처럼 유전 알고리즘을 활용하여 인공생명체를 만들어 낸다. 〈에이-벌브A-Volve〉(1994-95)나 〈생물종Life Spacies〉(1997)이 그 예다. 두 작품의 논리는 거의 유사하다. 〈A-Volve〉에서 관람자는 가상 인공수조의 스크린에 자극을 주도록 제안받는다. 관람자가 스크린을 터치하면 그 반응으로 인공생명체가 태어나 성장과 교배, 도태 등 생물학적 진화와 유사한 과정을 밟아 나간다. 〈Life Spacies〉에서도 관람자는 키보드를 통해 일정한 텍스트를 입력하게 되며, 입력 텍스트에 부합하는 형태의 인공생명체가 가상의 컴퓨터 환경 속에 출현하여 인공 진화가 진행된다. 이 두 작품에서 탄생하는 인공생명체는 관람자의 위치나 동작에 따라 결정되고, 이후 가상 공간에서 성장하며 진화해 나간다.

2. 이미지 생성모델의 진화

(1) GAN의 혁명

유전 알고리즘 이후 이미지 생성모델 중 풍부한 가능성으로 가장 주목받는 모델은 적대적 생성신경망 GAN^{Generative Adversarial Net}이다. GAN의 혁신은 생성모델임에도 불구하고 내적 구조에 판별모델을 함께 갖고 있다는 데 있다. 판별모델은 CNN처럼 대상을 식별하는 알고리즘인데, GAN은 생성자와 판별자가 한 쌍을 이루어 내부적으로 생성과 판별을 거듭하는 과정에서 생성 능력이 극대화된다. 그 결과 생성자가 산출한 데이터는 원본과 구분이 어려울 정도로 실재와 유사하다. GAN은 특히 컴퓨터 비전 분야에서 탁월한 능력을 보여 주고 있어 가짜 이미지 생성에 적합하다. 그 때문에 딥페이크에 활용되기도 하며, 사진 같은 이미지를 산출하므로 사진 예술에서도 주목받고 있다.

GAN의 구조를 처음 제안한 논문에서 이안 굿펠로는 그 원리를 생성자와 판별자의 경쟁구도로 설명한다. 생성자의 원칙은 실제 데이터와 가까운 가짜 데이터를 생성하는 데 있고, 판별자의 목표는 진짜 데이터와 가짜 데이터를 정확히 구분하는 것이다. 생성자의 입력 데이터에는 무작위로 노이즈를 추가하여 원본 데이터와의 편차가 발생하도록 한다. 여기서 노이즈는 생성자가 가짜 샘플을 얻어 내기 위한 재료가 된다. 한편 판별자는 생성자가 산출한 가짜 샘플을 입력 데이터로 삼아 학습용 데이터세트의 진짜 샘플과 비교한다. 이때 판별자의 출력 데이터는 이항 분류, 즉 진짜냐 가짜냐로 표시된다.

학습이 진행되면서 생성자와 판별자 모두의 능력이 고도화된다. 궁극적으로 판별자가 생성자의 산출물이 실제 데이터세트에서 나온 것인지 아닌지를 식별할 수 없을 정도가 되었을 때 목표가 달성되었다고 할 수 있다.

생성자와 판별자의 이런 관계를 2014년의 논문에서 굿펠로는 경찰과 위조지폐범의 관계에 비유했는데,[52] 2016년의 튜토리얼에서는 좀 더 '친절히' 그 원리에 대한 설명을 추가한다. 분명 생성자와 판별자는 '적대적Advesarial' 구도를 취하고 있지만, 목표의 관점에서 보면 '협력하는Cooperative' 관계라는 것이다. 나아가 판별자는 위폐범을 찾아내는 경찰의 역할보다는 오히려 생성자가 어떻게 능력을 향상시켜 나갈지를 훈련시키는 교사에 가깝다고 덧붙인다. 학생(생성자)이 제출한 답안(생성 데이터)을 검사하는 셈인데, 이 검사가 반복되는 과정에서 학생의 능력이 향상되기 때문이다.

생성모델로 실제 활용되는 다양한 GAN은 위의 기본원리, 즉 생성자와 판별자의 '적대적' 혹은 '협력적' 경쟁을 통해 학습을 진행하여 가짜 데이터를 산출하지만 여기에는 다른 구조가 추가되어 있다. 가장 중요한 요소는 콘볼루션Convolution 구조다. 굿펠로는 "현재 대부분의 GAN은 최소한 DCGAN 구조에 근거를 두고 있"으며, 이는 "심층 콘볼루션Deep, Convolution GAN"을

---

[52] 생성자는 위조지폐범, 판별자는 위폐범을 찾아내는 경찰의 역할이라는 것이다. 위폐범은 경찰의 눈을 속이기 위해 정교한 가짜를 만들어 내려 하는데 경찰의 감식안이 높을수록 위폐범의 기술도 고도화된다. 따라서 생성자와 판별자는 '적대적' 관계에 놓여 있지만 역설적이게도 이 '경쟁'을 통해 양쪽 모두의 능력이 향상된다.

의미한다고 지적한다. 말하자면 GAN은 그저 하나의 원리이며, 실제로 적용된 생성모델은 대체로 DCGAN 구조를 취하고 있다는 것이다. 굿펠로가 밝힌 DCGAN 구조의 핵심을 요약하면 다음과 같다.

가장 중요한 특징은 "생성자와 판별자의 대부분의 레이어에서 배치 정상화Batch Normalization 층을 사용"한다는 점이다. 여기서 첫 번째 레이어, 즉 최초 입력층은 제외다. 배치Batch는 학습 데이터의 일부를 뜻한다. 학습용 데이터 전체를 처리할 수 없기 때문에(컴퓨터 용량과 속도의 한계) 배치 단위로 나누어 학습을 진행하는 것이다. 따라서 실제 학습에 사용되는 배치는 미니 배치Mini-batch로 불린다. 이때 배치별로 데이터에 차이가 발생할 수 있다. 예컨대 고양이 사진을 배치별로 나누었을 때 어떤 배치는 눈의 특징만을, 다른 배치는 꼬리의 특징만을 나타낸다. 따라서 배치별 편차에 따라 학습이 균일하지 않아 엉뚱한 결과가 나올 가능성이 높다. 당연히 은닉층이 많을수록 학습이 왜곡될 개연성도 커진다. 학습을 진행할수록 편향된 방향으로 흘러가는 셈이다. DCGAN 구조를 고안한 개발자들은 이 문제를 해결하기 위해 각 배치들의 평균을 구해 표준화하는 방법을 끌어들였다고 언급한다. 각 은닉층에 주어지는 입력값을 일정하게, 고르게 조정한다고 할 수 있겠다.

(2) 다양한 생성모델들

GAN은 2014년 이안 굿펠로가 그 원리를 제시한 이후 눈부신 성장을 거듭해 왔다. GAN이 수행하는 과업은 사진처럼 보이는 고해상도 이미지를 생성하는 모델PGGAN을 비롯하여 흑백사진과 컬러사진을 치환하는 Pix2Pix, 그밖에 다양한 이미지 치환 과업을 수행하는 CycleGAN, 사람의 얼굴을 탁월하게 합성하는 StyleGAN, 복수 도메인 합성을 수행하는 StarGAN, 측면 사진을 정면 사진으로 합성하는 TPGAN 등 매우 다양하다. GAN의 이미지 생성모델은 크게 네 가지 유형으로 구분할 수 있다.

첫째, 고해상도 이미지 생성. 대표적인 예는 SRGANSuper-Resolution Generative Adversarial Networks과 ESRGANEnhanced Super-Resoution Generative Adversarial Networks이다. SRGAN은 2017년에 고안된 모델로 4×4픽셀의 저해상도 이미지를 입력 데이터로 취해 점차 고해상도 이미지로 학습을 진행해 나간다. 그러나 이 모델은 원본 사진의 세부 데이터를 충실히 생성해 내지 못했다. 2018년에 발표된 ESRGAN은 SRGAN을 개량한 모델로 고해상도 사진의 세부 묘사를 좀 더 잘 수행한다고 평가받는다. 이 유형에 속하는 또 다른 성공적인 생성모델로 PGGAN을 꼽을 수 있다. 이 모델은 4×4픽셀의 저해상도 이미지에서 시작하여 1024×1024의 '초해상도' 이미지를 생성하는 과업을 성공적으로 수행했다. 4×4픽셀의 원본 데이터를 학습한 생성자가 가짜 데이터를 생성한 후 판별자가 이를 가려내지 못하면 16×16픽셀 단계의 레이어로 넘어가 다시 가짜 데이터를 생성하고, 판별자가 식별에 실패하면, 즉 생성자의 임무가 완료되면 새롭게 레이어를 추가하여 점차 고해상도 이미지를 생성해 가는 구조다.

둘째, 이미지 치환. 대표적인 모델은 Pix2Pix와 CycleGAN, DiscoGAN, DualGAN이며, 한 걸음 더 나아가 StarGAN을 추

가할 수 있다. 2016년 발표 이후 2018년까지 업데이트를 계속한 Pix2Pix는 이미지의 도메인 변환을 처음 시도한 모델이다. 예컨대 흑백사진을 컬러사진으로, 엣지맵(그래픽) 이미지를 비트맵(사진) 이미지로 변환할 수 있다. 이 모델은 기존 GAN의 구조를 변형시켜 원하는 이미지 생성에 적합하게 구현한 CGAN Conditional GAN을 활용한다.

앞에서 정리했듯 GAN의 생성자는 입력 데이터에 랜덤하게 노이즈를 추가하여 가짜 데이터를 산출하는 구조를 취하고 있다. 여기서 노이즈를 함수로 표현하면 가중치 Weight, 혹은 잠재변수 Latent Variable가 된다. 그런데 이 변수는 랜덤하게 산출되므로 생성자의 출력 방향을 통제할 수 없다는 문제가 따른다. 어떤 이미지가 나올지 알 수 없는 것이다. 이미지 변환의 경우, 예를 들어 흑백 얼굴 사진을 그와 같은 형태의 컬러사진으로 치환하려면 형태를 제어해야 한다. CGAN은 이 잠재변수(z)에 조건(y)을 추가함으로써 원하는 방향의 이미지 생성이 이루어지도록 고안한 모델이다. Pix2Pix를 비롯하여 CycleGAN, DiscoGAN 등 이미지 변환모델은 모두 CGAN의 원리를 활용하여 성공적으로 과업을 수행한다.

Pix2Pix는 도메인 변환을 성공적으로 수행할 수 있으나 명확한 한계를 갖고 있다. 학습용 데이터가 서로 짝을 이루어야 한다는 것이다. 같은 장면의 흑백/컬러 사진처럼 말이다. 그런데 짝이 없는 이미지의 경우 이 모델로는 변환이 불가능하다. CycleGAN, DiscoGAN, DualGAN은 짝이 없는 이미지의 도메인 변환을 위해 고안된 모델로 구조와 원리는 유사하다. 핵심은 생성자와 판별자의 순환 학습 구조를 끌어들였다는 점이다(Zhaoqing Pan et al., 2019: 36328). 예컨대 CycleGAN은 같은 자세를 취한 말/얼룩말의 교차변환을, DiscoGAN은 비슷한 스타일의 신발/핸드백 교차변환을 수행할 수 있다. 이 문제를 DiscoGAN의 개발자들은 하나의 도메인에 속하는 모든 이미지가 다른 도메인에 해당하는 이미지를 통해 재현 가능하게 만드는 데 있다고 밝힌다.

    이 과업은 Pix2Pix와 같은 방법으로 해결될 수 없다. 우선 생성자는 말 이미지를 학습하여 그럴듯하게 얼룩말 이미지를 생성하여 결국 판별자의 '검사'를 통과할 수 있다. 그런데 정확히 같은 자세를 취한 얼룩말을 만들어 내지는 못한다. 바로 '그' 얼룩말을 생성하라고 명령하지 않았기 때문이다. 잠재변수는 그저 말 이미지를 학습하여 '비슷한' 얼룩말 이미지를 생성하는 재료로 활용될 따름이다. CycleGAN이나 DiscoGAN은 이 문제를 해결하기 위해 두 개의 생성자/판별자 구조를 끌어들인다. 도메인 A(말)와 도메인 B(얼룩말)의 교차변환을 학습할 경우 첫 번째 생성자/판별자는 도메인 A를 B로 바꾸는 학습을 진행한다. 반대로 두 번째 생성자/판별자는 도메인 B를 A로 바꾸도록 역방향으로 학습을 진행한다. 이때 유사 데이터 산출을 결정하는 손실함수는 양방향으로 진행된 연산의 차이를 줄이는 것이 목표다. A에서 B로 진행되는 학습과 B에서 A로 진행되는 학습이 가급적 정확한 중간지점을 향해 수렴하는 구조라 하겠다.

    이런 방식을 통해 CycleGAN은 동일한 풍경 사진을 여름철에서 겨울철 모습으로 바꾸거나, 한 장의 사진을 모네풍, 고흐풍, 세잔풍 그림으로 변형하기도 하며, 사과를 오렌지로, 강아지를 고양이로 바꾸는 과제까지 훌륭하게 수행했다. DiscoGAN 역시 머리 색깔과 성별 변환은 물론이고 의자를 자동차로, 자동차를 사람 얼굴로 바꾸는 등의 과업을 성공적으로 완수했다.

StarGAN은 여기서 한 걸음 더 나아가 복수 도메인Multiple Domains 변환에 성공함으로써 이미지 변환 알고리즘에 또 한 차례 도약의 계기를 열어 준 생성모델이다. 2018년에 개발된 이 알고리즘은 입력 데이터로부터 인물의 연령과 성별, 머리 색깔, 피부색을 바꿀 뿐만 아니라 표정까지 바꾸는 데 성공했다. 그런 점에서 StarGAN은 도메인 변환 모델임에도 불구하고 얼굴 특징 변환을 비롯하여 감정표현 합성 분야에서도 놀라운 성과를 거둔 모델로 평가받는다.

셋째, 텍스처 합성. MGANMarkovian GAN과 SGANSpatial GAN, PSGANPeriodic Spatial GAN 등이 여기에 속한다. 텍스처는 이미지의 세부정보를 구성하는 중요한 요소로 이미지 생성모델이 해결해야 할 핵심 과업 중의 하나다. 텍스처는 "불규칙한 반복적 패턴을 포함하고 있는 이미지"로 정의될 수 있으며, 텍스처 분석을 통한 합성의 목표는 "학습용 샘플 텍스처로부터 새로운 샘플 텍스처를 임의로 생성"해 내는 데 있다.

텍스처 합성에서 가장 먼저 괄목할 만한 성과를 보여 준 MGAN은 이미지 전체를 합성하지 않고 부분적인 텍스처만 합성한다. 핵심 개념은 마르코프 모델Markovian Model에서 가져왔는데, 이 모델은 이미지를 패치Patch로 분할하고 각 패치별 픽셀 값의 통계를 포착하여 이미지의 특성을 규정한다. MGAN은 기존의 마르코프 모델을 개량하여 연산 속도와 텍스처의 정밀도를 높였다. 기존의 마르코프 모델은 픽셀값 계산에 소요되는 코스트(용량, 시간)를 줄이기 위해 역콘볼루션Deconvolution[53] 알고리즘을 활용했다. 그런데 이 경우 역콘볼루션을 실행하는 데 소요되는 시간이 너무 오래 걸리는 문제가 있었다. 왜냐하면 구현될 텍스처의 픽셀값을 계산하기 위해 입력 방향으로 손실함수 값을 되돌려 보내 다시 가중치를 추가해야 하는데, 이를 위해서는 반복적인 역전파Back-Propagation가 요구되기 때문이다. 이 문제를 해결하기 위해 MGAN은 역콘볼루션 대신 스트라이드 콘볼루션Strided Convolution[54]을 사용하여 픽셀값을 계산한다. MGAN은 기존의 텍스처 합성모델을 개량하여 속도를 비약적으로 줄였다는 점이 주요 성과로 꼽힌다. 마르코프 패치 방식의 데이터를 학습하여 사진뿐만 아니라 비디오에서도 '실시간real-time' 텍스처 합성을 실현한 모델이라 하겠다.

한편 SGAN은 처음 완전 비지도학습 방식으로 텍스처 합성에 성공한 모델이며, PSGAN은 벌집이나 생선 비늘처럼 주기성

---

[53] 콘볼루션 신경망은 이미지 식별 알고리즘이기 때문에 한 장의 이미지를 구성하는 각 부분의 픽셀값을 계산하는 데 많은 코스트가 낭비된다. 예컨대 사람 얼굴을 찍은 사진을 CNN으로 학습할 때 얼굴의 구성요소뿐만 아니라 배경과 의복 등 불필요한 요소의 픽셀 계산에도 균등한 코스트가 소요된다. 나아가 은닉층이 많아지면 코스트는 한없이 늘어날 수밖에 없다. 이 문제를 해결하기 위해서는 먼저 이미지의 크기를 줄여(Downsampling) 픽셀을 한꺼번에 계산하고, 이를 다시 입력 시의 원본 사이즈로 늘리는(Upsampling) 방법이 있다. 즉 입력층에서의 콘볼루션 층의 크기를 줄였다가 다시 원래 상태로 복원하는 프로세스가 역콘볼루션이라 할 수 있다.

[54] 간단히 말하자면 최소화된 형태의 이미지를 크게 변환시키는 콘볼루션이다. 코스트를 줄이기 위해 픽셀 크기를 줄였다가 이를 다시 크게 변화시킨다는 점에서 역콘볼루션과 목적이 같으나 공간 해상도를 재구성하는 방법에 차이가 있다. 스트라이드는 콘볼루션의 매개변수를 결정하는 요소들 중 하나다.

Periodicity을 가진 텍스처 합성에 특히 뛰어난 결과를 보여 주었다.

넷째, 얼굴 합성. 가장 주목을 끄는 모델은 TP-GAN Two-Pathway GAN으로, 다양한 각도에서 촬영한 얼굴 사진으로부터 정면 이미지를 합성해 내는 알고리즘이다. 이 모델은 완전 측면(90도)에서부터 75도, 45도 등 다양한 측면 사진에서 정면의 얼굴을 합성해 내는 놀라운 결과를 보여 주었다. 따라서 이 모델은 얼굴 인식을 요구하는 다양한 분야에서 활용될 수 있다.

예컨대 CCTV가 무작위로 캡처한 인물의 얼굴이 '정확히' 정면을 보여 주는 경우는 드물다. 카메라 앞에 자신의 얼굴을 '스캔'하듯이 갖다 대지는 않기 때문이다. 따라서 TG-GAN을 활용하여 정면 얼굴을 추출하면 인물 식별에 효과적일 수 있다.

다양한 포즈의 얼굴에서 정면 이미지를 추출해 내는 '전통적인' 해결책은 크게 두 가지다. 첫째, 정면을 구성하는 불변의 특질을 사람이 직접 입력해 주는 방법, 둘째, 다양한 각도에서 촬영된 이미지들을 합성하는 기술이다. 첫 번째 방법에서는 먼저 정면의 근본 특질들, 예컨대 얼굴 윤곽이나 눈, 코, 잎을 구성하는 최소한의 비례 등을 '지정'한 후, 부분적인 왜곡의 총합을 계산한다. 여기서 산출될 정면 이미지가 주어진 데이터(측면 이미지)와 '유사성'을 갖도록 거리 학습Metric learning을 적용하여 최종 이미지를 계산한다.

두 번째 방법은 3D 기하변환3D Geometrical Transformation을 활용하는 것이다. 이 방법들은 정면 정보를 비교적 충분히 갖고 있는 경우 정상화가 용이하지만, 그렇지 못한 경우 세부 정보의 손실이 크다. 나아가 다양한 각도에서 관찰된 얼굴에 대한 사전

정보가 부족할 경우 산출된 정면얼굴은 디테일이 없거나 흐릿하게Blurry 묘사되는 한계를 노출했다.

이 문제를 극복하기 위해 TP-GAN은 인간이 측면 얼굴로부터 정면 얼굴을 유추해 내는 과정을 모방한다. 사람은 우선 관찰을 통해 얻어 낸 측면 정보와 얼굴에 대한 사전지식(예컨대 두 눈은 평행하고 코는 얼굴의 중앙에, 입은 코의 아래쪽에 위치한다.)을 토대로 정면 얼굴에 대한 전반적인 구조를 추정한다. 다음으로 정면의 디테일에 해당하는 부분적인 구역으로 이동하여 형태를 산정한다. TP-GAN은 정면 얼굴 합성을 위해 이 두 가지 경로를 지닌 GAN을 제안한다. 첫 번째 경로Global Pathway에서는 얼굴의 전체 구조를 추정하며, 두 번째 경로Local Pathway에서는 부분적인 텍스처가 그 구조에 부합하도록 변형을 진행한다.

이렇게 추산된 특질들은 최종 합성 단계에서 통합된다. 여기서 GAN 구조는 정면 얼굴의 특질 분포에 대한 사전지식을 구축하는 데 효과적으로 활용되어 복원과정을 주도한다. 생성자가 GP와 LP에서 추출한 정보를 통합하여 정면 얼굴의 데이터를 산출하면 판별자는 실제의 정면사진과 합성된(생성자가 산출한) 정면 사진을 비교하여 식별을 진행한다. 새롭게 추가된 레이어에서 입력 데이터는 생성자가 합성한 정면 사진이고, 이 과정이 반복됨에 따라 손실값이 줄어들어 실제 정면 얼굴에 가까워지는 것이다.

TG-GAN의 개발자들은 이 알고리즘이 거둔 성과를 세 가지로 제시한다. 첫째, 한 장의 측면 사진으로부터 정면의 동일성Identity을 보존한 사진 같은 정면 이미지를 합성해 냈다는 점, 둘째, 3D를 2D로 변환하는 과정에서 발생하는 정보의 손실을 복원해 냈다는 점, 셋째, 합성을 통해 안면 인식의 가능성을 입증했다는 점이다.

(3) 생성모델의 예술적 적용

GAN은 이미 예술작품의 제작에도 널리 활용되고 있다. 사진 같은 정교한 이미지를 산출할 수 있는 능력 때문이다.

캐나다 작가 대니얼 보샤트Daniel Voshart는 〈포토리얼 로마황제 프로젝트Photoreal Roman Emperors Project〉(2020)에서 인공신경망 툴을 사용하는 인터넷 플랫폼 아트브리더Artbreeder로 고대 로마 황제 54명의 얼굴 사진을 합성해 냈다. BC 27년부터 AD 285년까지 존재했던 역사 속 인물들이 사진으로 '복원'된 셈이다. 여기에 활용된 학습 데이터는 그들이 살아생전에 제작됐던 흉상 조각을 비롯하여 주화에 새겨져 있던 초상 약 800장의 이미지다.[55] 보샤트는 시대별로 로마 황제들의 연대기를 분류, 정리하고 각 인물의 초상을 아트브리더에 업로드하여 이미지를 얻어 낸 후 이를 다시 사진으로 인화했다. 최종적으로 인화된 사진에는 일반적인 예술사진의 관례에 따라 에디션을 부여하여 예술작품으로 판매했다.

그림 21. 대니얼 보샤트, 〈로마 황제 프로젝트〉, (2020)

---

55 https://voshart.medium.com/photoreal-roman-emperor-project-236be7f06c8f

그가 활용한 아트브리더는 SyleGAN과 BigGAN을 기반으로 사용자가 사진을 업로드하고 원하는 파라미터를 선택하면 그에 부합하는 이미지를 자동으로 생성해 주는 플렛폼, 즉 어플리케이션이다. StyleGAN은 앞에서 언급했듯이 얼굴의 특질을 단계별로 구분하여 특정 스타일대로 조합하는 생성모델이며, BigGAN은 학습데이터의 배치Batch 크기를 확장하여 이미지의 리얼리티를 증강시킨 생성모델이다. BigGAN은 GAN의 성능을 측정하는 지표 IS Inception Score와 FID Fréchet Inception Distance에서 가장 높은 점수를 받은 모델로, 이 지표는 생성 이미지의 리얼리티를 수학적으로 평가하는 기준이다.

네덜란드 사진가 바스 우테르비크 Bas Uterwijk도 아트브리더를 활용하여 가상의 인물사진을 만들어 낸다. 그는 AI의 생성 이미지를 '포스트 포토그래피'로 분류하면서 고전적인 사진 개념을 확장한다. GAN 기반의 아트브리더를 통해 그가 제작한 포스트 포토그래피의 특징은 보샤트의 경우에서처럼 인물들이 실제 카메라로 촬영된 적이 없었다는 사실이다. 그의 작품에 등장하는 인물은 엘리자베스 1세에서부터 나폴레옹 1세, 고대 이집트의 왕녀 네페르타리, 예수, 카이사르, 킹 알렉산더에 이르기까지 사진술이 발명되기 이전에 존재했던 이들이다. 그는 엘리자베스 1세의 '사진'을 제작하는 방식에 대해 인터뷰에서 다음과 같이 밝히고 있다.

"엘리자베스 1세의 초상화는 매우 많다. 나는 10장의 초상화를 (아트브리더에) 업로드한 뒤 평균에 근거하여 그녀의 얼굴과 가장 닮았다고 생각하는 이미지를 만들어 냈다."[56]

다른 인물들도 유사한 방식으로 제작됐다. 예수의 사진은 유럽 각지의 성당에 있는 이콘화를, 네페르타리나 카이사르는 그들의 조각상을 사진으로 촬영하여 학습 데이터로 활용했다. 이 인물들이 실재와 얼마나 닮았는지 '과학적으로' 평가할 수는 없다. 학습 데이터는 어쨌든 그림과 조각, 말하자면 인간이 '주관적으로' 생산한 이미지에 기초하기 때문이다. 그러나 StyleGAN은 이 얼굴 이미지의 '특질Feature'을 평균값으로 환산하고, BigGAN의 대규모 배치는 그 픽셀의 조합을 사진의 IS값에 가깝게 변환하여 제공한다. 그 결과 그림을 바탕으로 제작된 이미지는 시각적으로 사진과 거의 구분되지 않는다.

---

[56] https://news.yahoo.com/artist-ai-technology-historical-figures-121041999.html. 이 언급은 작가가 야후 뉴스와의 인터뷰에서 밝힌 내용이다.

3. 플루서의 기술 이미지 모델

(1) 이미지, 문자, 기술 이미지

매체학자 빌렘 플루서는 문명사에서 정보를 생산해 온 대표적인 매체를 세 가지로 구분한다. 이미지, 문자, 기술 이미지가 그것이다. 문자는 기원전 2,500년 무렵에 발명되어 19세기까지 정보 생산을 주도해 왔다. 문자를 대체하는 새로운 매체는 기술 이미지로, 장치에 의해 생산된다. 기술 이미지에는 사진, 영화, 영상, 컴퓨터 이미지 등이 포함된다. 기술 이미지의 핵심은 장치 프로그램에 있다. 이때 프로그램은 정보의 생산에서 인간을 배제하며 자동성을 그 본질로 한다. 인공지능은 정보 생산에서 자동성이 고도화된 형태다.

이미지는 기술 이미지와 달리 사람의 손으로 제작한 전통 이미지를 가리킨다. 제작자의 의도를 평면 위에 형상으로 펼쳐 놓은 정보인 셈이다. 즉 이미지는 "의미하는 평면"이며, 이미지를 독해한다는 것은 제작자의 의도를 파악하는 것과 같다.

세계의 시공간을 평면으로 추상화하는 능력(이미지 생산), 생산자가 부여한 코드를 해독하는 능력(이미지 읽기)을 우리는 상상력이라 부른다. 이미지의 표면에 각인되어 있는 의미를 파악하고자 할 때 우리는 이미지의 구성 요소들을 하나씩 훑어 나간다. 이 과정은 두 가지 방향으로 진행된다. 첫째는 생산자의 의도를 추적하는 방향으로, 둘째는 독해자의 의도에 따라서다. 이때 독해자는 이미 지각했던 요소를 '되돌아가서' 다시 볼 수 있으며, 이 과정은 무한히 되풀이될 수 있다.

그런데 이미지의 독해를 멈추고 그 정보를 세계와 동일시할 때 '이미지 숭배Idolatry'가 시작된다. 상상은 '환각'이 되고 이미지는 현실의 일부로 지각된다. 이것이 이미지의 위기다. 이 위기를 극복하기 위해 고안한 것이 선형문자다.

방법은 이미지의 구성요소를 분해하여 선으로 배열하는 것이다. 이미지의 마술적 시간은 한 방향으로 흘러가는 역사적 시간으로 다시 코드화된다. 이것이 '역사'의 탄생, 또는 '역사적 의식'의 탄생이다. 여기에서부터 마술적 의식과 역사적 의식의 대립이 생겨난다. 이미지에 대한 문자의 투쟁, 마술적 의식에 대한 역사적 의식의 투쟁이 시작되는 셈이다.

'개념적 사고'는 문자와 더불어 생겨난 새로운 능력이다. 이미지의 독해를 주도하는 능력이 상상력이라면 문자의 독해는 개념적 사고가 주관한다. 그렇게 개념적 사고가 문자 시대를 지배해 왔다. 그런데 문자를 발명한 본래 의도를 망각하면서 '텍스트 숭배Textolatry'가 시작된다. 플루서는 텍스트 숭배의 전형적인 예로 기독교와 마르크스주의를 꼽는다. 이것이 문자의 위기다. 텍스트 숭배는 19세기에 비판적 단계에 이르렀으며 이 위기를 극복하기 위해 기술 이미지가 탄생한다. 기술 이미지의 출현과 더불어 역사는 종말을 맞고 새로운 국면으로 진입한다. 기술 이미지의 목적은 텍스트를 이해 가능하도록 만들고, 그것을 다시 마술적 질서 속으로 끌어들이는 데 있다.

(2) 장치 프로그램과 인공지능

기술 이미지는 장치Apparatus에 의해 생산된 이미지다. 이미지가 사람의 손이나 도구의 산물이라면, 기술 이미지는 장치의 산물이다. 따라서 기술 이미지를 이해하기 위해서는 장치의 특성을 알아야 한다. 화가가 붓이라는 도구를 사용하여 그림을 그릴 때 그는 이미지의 구성요소들을 상징으로 표현한다. 관람자가 그 의미를 파악하려면 화가의 머릿속에서 벌어졌던 코드화 과정을 해독하면 된다. 그러나 기술 이미지의 경우에는 사정이 전혀 다르다. 장치는 기술 이미지 생산자의 '의도'대로 상징들을 코드화하지 않기 때문이다. 오히려 기술 이미지의 생산 과정에서 코드화는 장치에 내재된 프로그램에 따라 이루어진다.

장치는 '스스로' 정보를 생산할 수 있다. 이 과정을 가능케 하는 것이 프로그램이다. 즉 장치의 핵심은 프로그램이다. 장치가 복잡한 과학 텍스트의 산물일 수밖에 없는 것도 이 점 때문이다. 플루서가 최초의 장치로 규정하는 카메라를 예로 들어 보자. 카메라라는 장치는 한 장의 사진이 나오기를 기다리고 있는 상태며, 광화학 이론(과학 텍스트)에 근거해 복잡한 프로그램을 보유하고 있다. 그 프로그램은 무한히 많은 경우의 수를 포함한다.

물론 카메라를 작동시키는 자 없이 사진은 나올 수 없다. 그러나 그 장치의 목적은 결국 스스로 정보를 생산하는 데 있다. 플루서는 장치의 궁극적인 목적이 '스스로' 작동하는 인공지능임을 도처에서 밝히고 있다. 최초의 장치인 카메라는 '아직' 최종 단계에 이르지 못한 상태로, '작동자'가 개입해야만 정보를 생산할 수 있다. 그러나 프로그램의 속성은 '본래' 스스로 작동하는 데 있다. 카메라의 프로그램만 보아도 그 점은 분명하다. 사실 사진 찍는 자가 자신의 의도를 개입시킬 수 있는 여지는 매우 제한적이다. 말하자면 사진 찍는 자는 카메라 프로그램에 포함되어 있는 사진만을 찍을 수 있다. 프로그램의 '설계'를 벗어나는 어떤 다른 것도 할 수 없다는 뜻이다. 물론 프로그램이 허용하는 경우의 수는 거의 무한에 가깝기 때문에 사진 찍는 자는 자신의 의도를 관철시켰다고 생각할 수 있다. 하지만 사실 그는 장치의 내부에서 어떤 일이 벌어지고 있는지 전혀 알지 못한다. 그는 프로그램의 '의도'에 종속된 채 셔터를 누를 뿐이다. 그런 점에서 카메라 장치는 '블랙박스Black Box'다.

장치의 핵심이 프로그램이라면 프로그램의 핵심은 자동화이다. 즉 프로그램의 의도는 외부(인간)의 개입 없이 스스로 정보를 생산하는 데 있다. 자동화는 어떻게 가능할까? 플루서는 본래 장치가 '특수한 사고 과정'을 모방하기 위해 발명됐다고 지적한다. 이는 컴퓨터의 발명을 통해 명확히 드러나는데, 여기에서 특수한 사고란 '숫자로 표현된 사고'를 가리킨다. 결국 모든 장치는(컴퓨터를 포함하여) '연산 기계'며, 그런 점에서 '인공지능'이다.[57] 장치는 결국 문자적 사고(아날로그)를 숫자적 사고(디지털)에 종속시키는 거대한 패러다임 속에서 발명됐으며, 그러한 경향은 데카르트 이래 과학 담론의 규범으로 작동해 왔다는 것이다.

이유는 간단하다. 수는 무한하므로 세계의 모든 정보를 개별자로 변환하여 축적하는 것이 가능하기 때문이다. 연산기계(컴퓨터)의 정보처리 속도가 빨라지면서 이제 모든 정보를 수로 환

---

[57] Flusser, Vilem. *Towards a philosophy of photography*, London: Reaktion Books Ltd, 1983. p. 31. 플루서는 카메라를 포함하여 모든 장치가 인공지능의 범주에 속한다고 본다. 하지만 장치의 발명자들은 그 점을 인식하지 못했다고 덧붙인다.

원할 수 있게 됐다. 장치의 궁극적 의도인 자동화는 이런 조건 하에서 가능할 수 있다. 비록 '아직은' 장치의 완전한 자동화가 실현되지 않았지만, 장치 프로그램의 의도는 명확하다.

4. '창작기계'의 시대

(1) 예술 패러다임의 전환 가능성

인공지능이 예술작품을 만들어 내면서 예술의 기능과 개념, 창작의 주체 등에 관한 진지한 논의를 촉발하고 있다. 실제 인공지능이 생산한 작품은 시각적으로 탁월한 예술성을 보여 주며 각종 예술품 경매장에서 구매가 이루어지고 있다. 인간이 제작했는지 인공지능이 제작했는지 구분할 수 없을 만큼 완성도의 측면에서도 인공지능의 예술은 급성장했다. 이런 상황에서 현재의 예술 패러다임은 새로 재편될 가능성이 있다.

두 가지 가능성이 있다. 첫째, 현재의 독창성 모델이 과거의 모방 모델로 다시 대체될 가능성이다. 실제로 관련 분야 전문가들은 인간의 예술도 엄밀히 따지면 완전히 창의적이지 않으며, 과거의 예술에 대한 모방에서 시작하여 이를 새롭게 재구성한 것일 뿐이라는 주장을 편다. 따라서 인공지능의 '탁월한' 모방 역시 예술작품으로 인정받을 수 있다. 그러나 이런 주장에도 불구하고 현재의 예술 패러다임은 창의성을 절대적 가치로 규정하고 있어 이 척도가 바뀔 가능성은 희박해 보인다.

둘째, 인공지능의 창의성을 인정할 가능성이다. 창의성은 인간의 '지적 활동'을 대체해 온 인공지능이 결코 넘볼 수 없는 인간만의 고유한 영역으로 거론돼 왔다. 그러나 인공지능은 '구조적으로' 새로운 정보, 요컨대 창의적인 정보를 산출할 수 있으며, 실제 최근 진일보한 생성형 인공지능은 인간의 상상력을 뛰어넘는 놀라운 결과물을 제시하고 있다. 이런 현상이 일반화되

없을 때 인공지능은 창의적 예술작품을 생산하는 유효한 수단으로 활용될 것이 분명하다.

(2) 인공지능과 저작권

인공지능을 예술 창작의 주체로 인정하느냐의 문제는 저작권과 뗄 수 없이 연결되어 있다. 저작권의 핵심은 그 작품에 독창성이 있느냐의 여부로서, 수많은 저작권 분쟁은 작품의 독창성에 대한 판단으로 귀결된다.

　인공지능 예술의 독창성을 인정한다 할지라도 문제는 남아 있다. 현행 저작권법에 따르면 창작의 주체는 인간으로만 한정된다. 따라서 인공지능 예술의 경우 저작권이 프로그래머에게 귀속될 수밖에 없다. 그러나 향후 예술작품을 생산하는 인공지능 로봇을 또 다른 주체, 즉 인격으로 상정하게 된다면 저작권 문제는 새로운 논란거리로 떠오를 수밖에 없을 것이다.

　저작권의 문제는 여전히 독창성이 기준이다. 관습적으로도 그렇고 법적으로도 그렇다. 우리는 여전히 독창성을 예술작품의 절대적 준거로 삼는 패러다임 속에 있다. 저자의 자격은 독창성에서 나온다는 것이다. 실제 수많은 저작권 분쟁에서 판단의 척도로 작용하는 기준도 그것이다. 이런 저자 개념의 연원을 분석하면서 안마리 브리디Annemarie Bridy는 창안자로서의 저자Author라는 개념은 저자가 저작물의 소유자임을 합법적으로 보호하고자 했던 로크의 소유 개인주의 이론에서 기인했다고 언급한다.

　저자의 저술을 법적으로 보호해야 한다는 생각이 곧 저작권,

더욱 구체적으로는 저작재산권의 단초다. 영국에서 발생했던 저작권 분쟁들이 이 점을 입증한다. 전형적인 사례는 버로우-길 석판인쇄소와 사로니 간에 벌어진 소송이다. 버로우-길 인쇄소는 나폴레옹 사로니가 촬영한 오스카 와일드의 초상사진을 사진가의 동의 없이 무단 복제하여 판매했는데, 이에 사로니가 소송을 제기했다. 이 소송에서 관건은 독창성이다. 버로우-길 측에서는 사로니의 사진이 저작물도 아니고 저자의 산물도 아니라고 주장했다. 즉 "사진은 한낱 모델의 신체적 특징이나 외관에 대한 기계적 복제"일 뿐이고 "어떠한 독창적 사고나 새로움도 포함하고 있지 않다."라는 것이다. 이 소송에 대한 판결에 앞서 법정은 저자를 다음과 같이 정의한다. 즉 저자는 "어떤 것에 대해 기원Origin인 자, 창안자Originator, 과학이나 문학의 작업을 완성하는 생산자Maker"이며, 저작권은 "한 사람이 자신의 고유한 천재성이나 지성의 산물에 대해 가지는 배타적 권리"다. 이 정의에 의하여 법정은 다시 저자를 "발상Idea과 상상Fancy, 혹은 상상력Imagination을 실행하는 자"로 규정한다. 위의 소송에서 법정은 비록 카메라가 사진을 찍었다 해도 카메라 뒤의 사람이 사진의 구성과 조명, 배경, 소품의 선택 등에서 독창성을 발휘했으므로 문제의 사진은 사로니의 창작물이라고 판결한다. 그 밖의 다른 경우도 사정은 마찬가지다. 거의 모든 저작권 소송에서 관건은 독창성의 유무다. 그리고 이런 관점은 버로우-길과 사로니의 소송이 완료된 지 백 년이 훨씬 지난 후에도 유지된다.

그러나 창작의 주체에 대한 '고전적' 관념은 점차 흔들리고 있다. 2017년 사진작가 데이비드 슬레이터가 2011년 인도네시아에서 촬영한 사진들의 일부는 원숭이에 의해 촬영된 것이었는데, 결국 부분적으로 원숭이의 권리가 인정됐다.[58] 이 사례에서 볼 수 있듯이 창작물은 기계(카메라)의 도움을 받아 셔터를 '아무 생각 없이' 누르더라도 나올 수 있다. 바르트는 사진의 소유권이 사진을 직접 찍은 사람뿐 아니라 그 사진에 담겨 있는 대상의 소유자에게도 부분적으로 인정될 수 있지 않겠느냐는 '엉뚱한' 생각을 표명한 바 있다.

나아가 현재 미디어아트 영역에서는 예술가와 프로그래머와의 적극적인 협업이 이루어지고 있다. 만약 프로그램 설계와 알고리즘이 작품의 핵심 요소라면 이 경우 창작의 주체는 작업의 개념을 구상한 예술가만이 아니라 그 개념을 실현하는 데 일조한 프로그래머이기도 하다.

(3) 인공지능 예술과 인간의 몫

인공지능의 예술은 속도를 가늠하기 어려울 만큼 빠르게 성장하고 있다. 인공지능이 생산한 예술은 이미 완성도의 측면에서 인간 예술가의 작품과 차이가 없다. 나아가 인공지능 예술은 인간 예술가의 상상력을 뛰어넘어 인간이 한 번도 경험하지 못했

---

[58] 2011년 사진작가 데이비드 슬레이터가 인도네시아에서 멸종위기종 원숭이 사진을 찍다가 카메라를 빼앗겨 발생한 사건이다. 카메라를 빼앗아 달아난 원숭이가 셀카를 찍었는데, 사진작가는 그 사진을 포함하여 자신이 촬영한 사진들로 작품집을 출간했다. 슬레이터는 2014년 원숭이가 찍은 사진을 무단으로 게재한 위키피디아에 사진 삭제를 요구했고, 이에 저작권 소송이 진행됐다. 결국 법정은 2017년 4월, 사진에서 발생하는 수익의 25%를 멸종위기종 원숭이 보호에 사용하라고 판결했다.

던 새로운 시각적 경험을 제공할 수도 있다.

그렇다면 향후 인간 예술가는 인공지능에 예술 창작의 주체라는 부동의 자리를 내어주게 될까?

그렇지는 않을 것이다. 이미 인간 예술가들은 인공지능 알고리즘을 활용한 새로운 창작 수단을 빠르게 수용하여 과거에는 찾아볼 수 없었던 새로운 예술을 시도하는 추세다. 그리고 이런 경향은 지속될 것이다. 인간은 이미 기계시대의 초입에서부터 기계미학을 적극적으로 수용해 왔으며 인공지능은 그 연장선에서 인간에게 새로운 예술 창작의 수단으로 활용될 것이다.

분명 인공지능 기술은 예술 창작에 효과적이다. 그러나 그 과정에서 새로운 문제가 발생한다. 인공지능의 프로그램은 정보 생산의 자동성을 그 본질로 삼고 있다. 빠르고 효과적이나 여기서 생산의 주체는 이미 인간이라 할 수 없다. 요컨대 인공지능은 '스스로' 예술작품을 생산한다. 아직 완전 자동화가 이루어지지 않은 생성 인공지능의 경우 여전히 인간이 생산을 주도하는 것처럼 보인다. 하지만 실상 그 생성 과정은 인간이 배제된 상태에서 알고리즘에 따라 자동으로 진행된다. 19세기에 발명된 사진의 경우 카메라는 이미지 생산에서 인간의 손을 해방시켰으며, 이제 인공지능은 그 배제를 더욱 가속화하고 있다.

나아가 인간은 예술작품을 생산하는 알고리즘의 내적 프로세스에 대해 무지한 상태다. 알고리즘은 그 자체로 블랙박스다. 따라서 인간은 인공지능이 산출해 낼 결과물을 전혀 제어할 수 없다. 인공지능은 인간의 기획이나 결국 자신의 기획으로부터 스스로 배제되는 결과와 마주할 수 있다. 인간은 인공지능이 생산하는 정보의 단순 소비자로 전락할 위기에 처해 있는 셈이다. 이 위기에서 벗어나기 위해 인간은 인공지능의 긍정성을 수용하면서도 그 부정적 가능성 또한 명료히 인식해야 한다.

 이미 예술 제도는 인공지능을 활용한 작품들을 빠르게 수용하고 있다. 2022년에 뉴욕현대미술관Museum of Modern Art, MoMA에 전시된 레픽 아나돌Refic Anadol의 작품 〈비지도Unsupervised〉가 대표적인 사례다. 이 작품은 MoMA의 컬렉션에 대한 기계학습을 바탕으로 인공지능이 자동으로 생성하는 이미지들로 구성되어 있다. 여기서 인간 예술가는 작품의 아이디어를 제안했을 뿐이며, 이미지의 생성은 인공지능이 수행한다. 이런 경향은 점차 확산될 것으로 예상된다. 요컨대 예술의 영역에서 인간과 인공지능의 협업은 가속화될 것이다. 예술작품의 가치를 결정해 왔던 척도에도 변화가 생겨날 것이다. 변화는 이미 시작됐으며 징후는 여러 곳에서 나타나고 있다.

참고문헌

1부 인공지능과 기술문화

도서

문규민, 「윤리적 문제로서의 제어권 전환: 3단계 자율주행차와 협응의 규범」, 『철학 사상 문화』, No.38, 2022, 25~45쪽.

_____, 『신유물론 입문: 새로운 물질성과 횡단성』, 두번째테제, 2022.

신상규, 「인공지능, 새로운 타자인가?」, 『철학과현실』, vol. 112, 2017, 168~169쪽.

안드레아스 헤르만·발터 브레너·루퍼트 슈타들러, 장용원 옮김, 『자율주행: 뜨는 사업과 지는 산업의 경계를 가르는 전무후무한 기술혁명』, 한빛비즈, 2019.

에드워드 니더마이어, 이정란 옮김, 『루디크러스』, 빈티지하우스, 2021.

인공지능과 가치 연구회, 『인공지능윤리: 다원적 접근』, 박영사, 2021.

인터넷 자료

소비자주권시민회의, "테슬라 전기차의 오토파일럿이 자율주행이라는 과대 과장 광고를 즉각 중단하라!", http://cucs.or.kr/?p=6233 (최종검색일: 2023.5.5)

윤솔, "테슬라 '자율주행'에 운전 맡기고 술파티… 美 청년들 여론 '뭇매'", https://biz.chosun.com/site/data/html_dir/2020/09/14/2020091402464. html (최종검색일 2023.5.3.)

현기호, "테슬라 '오토파일럿' 잇단 사고, 자율주행 문제점은?" http://www. ekoreanews.co.kr/news/articleView.html?idxno=62507 (최종검색일 2023.5.3.)

Abrams, Rachel and Annalyn Kurtz. "Joshua Brown, Who Died in Self-Driving Accident, Tested Limits of His Tesla." https://www.nytimes. com/2016/07/02/business/joshua-brown-technology-enthusiast-tested-the-limits-of-his-tesla.html

Boudette, Neal E. "Tesla Says Autopilot Makes Its Cars Safer. Crash Victims Say It Kills." https://www.nytimes.com/2021/07/05/business/tesla-autopilot-lawsuits-safety.html (최종검색일 2023.5.5.)

Dan O'Dowd Media. "Test Track – The Dangers of Tesla's Full Self-Driving Software." https://www.youtube.com/watch?v=nHIgawTRCv8 (최종검색일 2023.5.3.)

De Vynck, Gerrit. "The tech CEO spending millions to stop Elon Musk." https://www.washingtonpost.com/technology/2022/11/13/dan-odowd-challenges-tesla-musk/ (최종검색일 2023.5.3.)

Ewing, Jack. "German Court Says Tesla Self-Driving Claims Are Misleading." https://www.nytimes.com/2020/07/14/business/tesla-autopilot-germany. html (최종검색일 2023.5.5.)

Fridman, Lex. "Tesla Vehicle Deliveries and Autopilot Mileage Statistics." https://lexfridman.com/tesla-autopilot-miles-and-vehicles/ (최종검색일 2023.5.3.)

Future of Life. "AI Principles." https://futureoflife.org/open-letter/ai-principles/ (최종검색일 2023.5.3.)

Hals, Tom and Jin Hyunjoo. "Tesla hit with proposed class action over phantom braking issue." https://www.reuters.com/legal/tesla-hit-with-proposed-class-action-over-phantom-braking-issue-2022-08-29/ (최종검색일 2023.5.5.)

Huang, Kelly and Cade Metz. "California Regulator Accuses Tesla of Falsely Advertising Autopilot." https://www.nytimes.com/2022/08/05/business/tesla-california-dmv-complaint.html (최종검색일 2023.5.5.)

IEEE SA. "Translations and Reports." https://standards.ieee.org/industry-connections/ec/ead-v1 (최종검색일 2023.5.3.)

Kaji, Mina and Amanda Maile. "Distracted driver in fatal 2018 Tesla crash was playing video game." https://abcnews.go.com/Politics/distracted-driver-fatal-2018-tesla-crash-playing-video/story?id=69207784 (최종검색일 2023.5.5.)

Ohnsman, Alan. "Tesla CEO Talking With Google About 'Autopilot' Systems." https://www.bloomberg.com/news/articles/2013-05-07/tesla-ceo-talking-with-google-about-autopilot-systems (최종검색일 2023.5.3.)

Roy, Abhirup, Dan Levine, Hyunjoo Jin. "Tesla wins bellwether trial over Autopilot car crash." https://www.reuters.com/legal/us-jury-set-decide-test-case-tesla-autopilot-crash-2023-04-21 (최종검색일 2023.5.3.)

Shepardson, David. "Tesla recalls 40,000 U.S. vehicles over potential loss of power steering assist." https://www.reuters.com/business/autos-transportation/tesla-recalls-40000-us-vehicles-over-potential-loss-power-steering-assist-2022-11-08/ (최종검색일 2023.5.5.)

Siddiqui, Faiz and Jeremy Merrill. "Tesla 'phantom braking' issue is focus of federal safety probe after owners bombard government website with complaints." https://www.washingtonpost.com/technology/2022/02/17/tesla-phantom-braking/

Stanford Graduate School of Business. "Andrew Ng: Artificial Intelligence is the New Electricity." https://www.youtube.com/watch?v=21EiKfQYZXc

Stewart, Jack. "After Probing Tesla's Deadly Crash, Feds Say Yay to Self-Driving." https://www.wired.com/2017/01/probing-teslas-deadly-crash-feds-say-yay-self-driving/ (최종검색일 2023.5.5.)

Tesla. "Autopilot and Full Self-Driving Capability." https://www.tesla.com/support/autopilot (최종검색일 2023.5.3.)

Tesla. "Tesla Vehicle Safety Report." https://www.tesla.com/VehicleSafetyReport

(최종검색일 2023.5.3.)

"Tesla driver was seen gazing down during 2018 Southern California crash, reports say." *Washington post,* https://www.washingtonpost.com/business/economy/tesla-driver-was-seen-gazing-down-during-2018-southern-california-crash-reports-say/2019/09/03/ff1fa6cc-ce68-11e9-8c1c-7c8ee785b855_story.html (최종검색일 2023.5.5.)

2부 4차 산업혁명과 대중문화

도서

BC카드 빅데이터센터, 『빅데이터, 사람을 읽다』, 미래의창, 2019.
김상균·신병호, 『메타버스 새로운 기회』, 베가북스, 2021.
김장현·김민철, 『문과생을 위한 인공지능 입문』, 에이콘출판, 2023.
김태희·이승환, 『메타버스와 함께 가는 문화예술교육』, 다빈치books, 2002.
김희경, 『콘텐츠 트렌드』, 커뮤니케이션북스, 2022.
두일철·이승환, 『인공지능 시대의 문화기술』, 한빛아카데미, 2022.
마틴 린드스트롬, 최원식 옮김, 『스몰데이터』, 로드북, 2017.
문혜진·박상용·박소영·이정현·황서이 『새로운 AI, 새로운 사람들』, 마이하우스, 2023.
이석민, 『인문사회과학을 위한 빅데이터 분석방법론』, 윤성사, 2019.
크리스토프 드뢰서, 전대호 옮김, 『알고리즘이 당신에게 이것을 추천합니다』, 해나무, 2018.
황서이, 「메타버스와 한류 문화콘텐츠의 융합」, 한국국제문화교류진흥원, 2021.10.8., https://kofice.or.kr/b20industry/b20_industry_03_view.asp?seq=8062
황서이·이명천, 「텍스트 마이닝을 활용한 광고 모델로서의 '가상 인플루언서' 인식변화 분석」, 『한국광고홍보학보』, 제23권 제4호, 2021.
황재윤·황서이, 「엔터테인먼트 분야에서 'Metaverse'와 'Virtual Human'의 사회적 담론 변화 연구」, 『디지털콘텐츠학회논문지』, vol. 23, no. 12, 2022.

웹사이트

Ball, Matthew. "The Metaverse: What It Is, Where to Find it, Who Will Build It, and Fortnite." Jan. 13, 2021, https://www.matthewball.vc/all/themetaverse

Richman, Chad. "What is the Metaverse, and why does it need a social layer?" Aug. 5, 2020, https://clink.social/what-is-the-metaverse

구글 트렌드 https://trends.google.com/trends

네이버 데이터랩 https://datalab.naver.com

빅카인즈 https://www.bigkinds.or.kr

썸트렌드 https://some.co.kr

워드 클라우드 생성기 https://wordcloud.kr

3부 예술과 시각문화

발터 베냐민, 최성만 옮김, 「기술 복제 시대의 예술작품」, 『발터 베냐민 선집 2』, 길, 2007.

야마모토 요시타카, 남윤호 옮김, 『16세기 문화혁명』, 동아시아, 2006.

크리스티안 폴, 조충연 옮김, 『디지털 아트』, 시공사, 2003.

프리드리히 키틀러, 유현주·김남시 옮김, 『축음기, 영화, 타자기』, 문학과 지성사, 1986.

Boden, Margaret A. "Computer Models of creativity." *AI Magazine*, 2009.

Boden, Margaret A. "Creativity and artificial intelligence." *Artificial Intelligence*, 103, Elsevier, 1998.

Diderot, D. & d'Alembert, J. L. R. *Encyclopédie Tome* 1, Paris, 1751.

Flusser, Vilem. *Towards a philosophy of photography*, London: Reaktion Books Ltd, 1983.

Goodfellow, Ian et al. "Generative Adversarial Nets." arXiv:1406.266.1v1, 10 Jun 2014.

Lehman, Joel. et al. "The surprising creativity of digital evolution: a collection of anecdotes from the Evolutionary computation and artificial life research communities." *Artificial Life*, 26(2), Southhampton: University of Southhampton, 2018.

Karra, Tero. & Aila Timo. "A Style-Based Generator Architecture for Generative Adversarial Networks." arXiv:1812.04948v3, 29 Mar 2019.

La Mettrie, Julien Offray de. *L'Homme machine, Œuvres philosophiques*, London, 1747.

Manovich, Lev. *The Language of New Media*, Cambridge: Mit Press, 2001.

Mitchell, William J. *The Reconfigured eye: visual truth in the post-photographic era*, Cambridge, Massachussetts: MIT Press, 1994.